電通事件

なぜ死ぬまで働かなければならないのか

北健一

旬報社

プロローグ

一九〇一年、上下あわせて一二坪の二階建ての建物で、日本広告社という会社がつつましやかに船出した。創業したのは、大阪朝日新聞社が発行する新聞「大阪公論」の記者、光永星郎で、同社が電通の前身にあたる。

光永は記者であるとともに壮士のような人物で、日清戦争が勃発すると従軍記者として中国各地を取材。外国に対する報道手段の欠如から、外国特派員の誤報に対抗する術がないことを嘆き、通信社創設を考える。ではなぜ、通信社ではなく広告社なのか。当時の新聞は経営基盤が弱く、通信社からニュースを買う金がなかった。そこで光永は、一方で新聞に広告を提供して新聞社の収入を増やし、他方で通信社を興してニュースを売ろうと考えたのだ。

なかなかの着眼だが、現実は厳しかった。関東大震災で銀座にあった社屋が焼け仮社屋で営業していた頃、電通に入社し、後に電通中興の祖と呼ばれる吉田秀雄（四代目社長）は「とんでもない会社だ」と驚いた。「（広告業が）実業じゃないのだ。ゆすり、たかり、はったり、泣き落としだ。僅かにそれを会社という企業形態でやっているだけで、まともな人間や地道なものにはやれなかった仕事なんだ……（電通入社二十五周年回顧座談会より）」（加来耕三『電通を育てた〝広告の鬼〟吉田秀雄』（吉田秀雄記念事業団、二〇〇五年）二一一頁）

取引は飲ませ、抱かせの闇のなか。広告価格の基準などあってなきがごとし。そんな広告代理業の現状に強いコンプレックスを抱き、だからこそ敗戦直後、四三歳の若さで社長に就いた吉田は、虚業から実業への転換を「鬼のような気概」で押し進めた。新聞社とつながり、民間ラジオ局創設を水面下でまとめ、最初は消極的だったテレビにも君子豹変して食い込んでいく……。

高度経済成長で、日本が大量生産・大量消費に沸くのと軌を一にして、「広告の巨人」への階段を駆け上がったのが電通であり、それを支えたのが、吉田が一九五一年に定めた「鬼十則」という心得だった。一九五一年には、満州帰りの海千山千もいた。働き手のなかで、会社員はまだ少数派だった時代だ。電通も「広告の職人集団」に近かったのだろう。そこでは「鬼十則」も、かなり相対化して読まれたのだろう。

自民党を中心に政治にも深く食い込み、五輪はじめ国家レベルのイベントを仕切るなど華麗な人脈をビッグビジネスにつなげた電通は、マスコミへの強い影響力から次第にタブーにもなっていく。だがその一方で、電通が虚業どころかピカピカの一流企業になって上場すると、海千山千たちは次第に退場し、吉田の言う「まともな人間や地道なもの」が増えていく。山師も含む職人集団が「普通の会社」になった、といってもいい。

「一　仕事は自ら創るべきで、与えられるべきではない」から始まる鬼十則は、「五　取り組んだら離すな、殺されても離すな、目的完遂までは……」とも説く。

電通で長くクリエイティブの仕事をしてきた元社員、前田将多さん（四一）は、私の取材に、「『鬼十則』のせいで長時間労働になるなんて、言いがかりでしょう」と応えた。そう考える関係者は多い。たしかに、「鬼十則」に長時間労働の推奨は見当たらない。

だが、時代はめぐり、若者の気質も変わる。立教大学の砂川浩慶教授（メディア論）は「うちの大学でも、できる学生ほどまじめで、レールから外れることへの強迫観念が強い。それまで『ノーと言っちゃいけない』『意見を言っちゃいけない』と育てられてきましたから」と話す。まじめで従順なサラリーマンが増えた電通で、「鬼十則」はたぶん、制定当時とはかなり違った読まれ方をし、吉田が思いもしなかった機能を果たしたのではないか。

業界関係者の間では、電通社員の激しい飲み方は「電通飲み」と呼ばれる。とっくに終わったバブルの頃の空気をひきずって、果てしなく売上を追いかけ過剰なまでに盛り上がる「広告の鬼」は、いつしか時代に合わなくなっていた。

電通だけの話ではない。そんな時代錯誤の働き方とそれを強いる文化、慣行は、この国の企業社会に蔓延し、今日も働き手と家族を苦しめている。法人としての電通と幹部の書類送検、そして石井直社長辞任に至った過労自死事件は、そのなかで起き、「日本人の働き方」を根底から問うた。電通は変われるかという問いは、だから、日本の企業社会と、そこで働く私たちが変われるか、という問いかけでもある。過労死という異常をなくすために必要なことは何か。その答えを探して、電通事件の闇に分け行っていきたい。

※　文中の肩書きと年齢は断わりのない限り執筆時点のものです。

目次

第1章　事件の急展開

「大好きで大切なお母さん、さようなら。ありがとう。人生も仕事もすべてがつらいです。お母さん、自分を責めないでね。最高のお母さんだから」

電通の新入社員、高橋まつりさんは、二〇一五年一二月二五日、クリスマスの朝に会社の女子寮から身を投げ、帰らぬ人となった。享年二四歳。冒頭の言葉は、その直前、女手一つで自分を育ててくれた母、幸美さん（五三）にメールしたものだ。

高橋さんはその年の三月に東京大学文学部を卒業し、四月に電通に入社した。それからわずか九か月後の悲劇だった。

「日本のトップの企業で国を動かすような様々なコンテンツの作成に関わっていきたい。自分の能力を発揮して社会に貢献したい」。そんな夢をかなえるステージのはずだった職場は、入社前に思い描いていたものとはあまりに違った。

彼女はインターネット広告を扱うダイレクトマーケティング・ビジネス局のデジタル・アカウント部に配属される。一〇月に試用期間が終わると業務量が急増した。異動を願い出るがかなわず、深夜労働も常態化。SNS上に遺された言葉によれば、パワハラやセクハラもあった。

二〇一六年九月三〇日、三田労働基準監督署（東京）が彼女の自死を労災認定した。労基署が認定した一か月（二〇一五年一〇月九日～一一月七日）の時間外労働は約一〇五時間だった。三田労基署は「（本採用後）仕事量が著しく増加し、時間外労働も大幅に増える状況になった」と認定し、心理的負荷による精神障害で過労自殺に至ったと判断した。遺族と代理人である川人博弁護士らが開いた記者会見には、大きな反響があった。

一一月九日、厚生労働省が主催する「過労死等防止対策推進シンポジウム」（以下、過労死防止シンポ）が東京都内で開かれ、幸美さんも発言に立った。「今、この瞬間にも同じことが起きているかもしれません。娘のように苦しんでいる人がいるかもしれません。過労死過労自殺は、偶然起きるのではありません。いつ起きてもおかしくない状況で、起きるべくして起きているのです」

（※以上の「」内の引用文は、幸美さんの過労死防止シンポでの発言から引用した。引用元は、NPO法人ディーセントワークへの扉、飯塚盛康理事長のフェイスブックより）

労災認定から捜査へ

高橋まつりさん（当時二四）の過労自死は、大手広告代理店・電通で常態化していた長時間労働をめぐる問題を炙りだし、厚生労働省による強制捜査から、法人としての電通と幹部社員の労働基準法違反（違法な長時間労働）の疑いで書類送検に発展した。二〇一六年一二月二八日の送検は一部の容疑に絞ったもので、捜査は今（二〇一七年一月現在）も続いている。

高橋さんの遺族の代理人である川人博弁護士によれば、電通は当初、遺族との話し合いのなかで、労務管理上、特段の問題はないとの認識を示していた（川人博「遺族側弁護士独占手記　電通過労死はなぜ起きたか」『文藝春秋』二〇一六年一二月号三五四頁）。川人弁護士は、一九九一年に起きた、やはり電通の新入社員、大嶋一郎さんの過労自死事件も担当している。高橋さんの働かせ方に特段問題がないという この時点での電通の認識は、長時間過重労働が同社で〝当たり前〟の光景になっていたことを示唆している。

三田労基署が高橋さんの自死を労災認定したのが二〇一六年九月三〇日だが、一〇月一四日には東京労働局が電通本社を抜き打ちで調査。会社と労働組合が交わした三六協定に違反して社員を働かせていた疑いが強まり、一一月七日には家宅捜索した。電通本社と三支社に踏み込んだのは八八人。「通常の調査はほとんどの場合、一人でやっています。今回は異例の規模ですね」と、ある労働基準監督官は話す。

家宅捜索というと警察や検察の仕事のようだが、全国に約三二〇〇人いる労働基準監督官は、事業場を臨検し、帳簿や書類の提出を求め、必要な尋問を行なう権限や、労基法違反の罪に対する逮捕権、捜査権（司法警察員としての権限）をもっている（労基法一〇一条、一〇二条）。必要があるときは使用者（会社）や労働者に報告や出頭を命じることもできる。

東京過労死弁護団の尾林芳匡幹事長は、「自殺労災の認定の標準処理期間は六か月です。高橋さんが亡くなってから労災認定されるまで一年近くかかっているので、少なくとも六か月前から労基署は、あの職場の労働実態について調べていた。ところが一一月になって捜査に入ったのは、報道の大きさと世論の反響に取り組みをせざるをえなくなったのではないか、と思っています」と語る。

実は、三田労基署は二〇一五年八月にも、違法な長時間労働をさせたとして電通に是正勧告を出していた（二〇一四年には天満労基署が関西支社に是正勧告）。高橋さんの自死は、三田労基署の勧告の四か月後。結果的に、勧告は活かされなかった。労働行政にも、悔しさがあった。

この捜査では、投入された人数もさることながら、東京労働局の「過重労働撲滅特別対策室」、通称「かとく」が加わっていることも注目された。ブラック企業問題の深刻化を受けて二〇一五年四月に発足した「かとく」は、過重労働が疑われる企業を集中的に調べる特別チームで東京労働局と大阪労働局にある。これまで靴販売チェーンの「ＡＢＣマート」やディスカウント店を広く展開する「ドン・キホーテ」の違法残業などを摘発。会社と役員を書類送検していた。

「電通の社員の方が過労死、いわば働き過ぎによって尊い命を絶たれた。二度と起こしてはならない。働く人の立場に立った『働き方改革』をしっかりと進めていきたい」

電通への立ち入り調査前日の一〇月一三日夜、安倍晋三首相は、「働き方改革実現会議」に関連して開かれた意見交換会で、電通事件に言及した。捜査体制が異例なら、首相が社名を挙げて労災事件に言及するのも異例だった。

首相は「働き方改革」を最優先の政策課題に位置づけ、二〇一七年通常国会での関連法案提出もにらんで、急ピッチで議論を詰めている。「長時間労働の是正」は、同一労働同一賃金（正規・非正規の格差縮小）と並んで、その目玉商品とされている。論議を本格化した矢先の事件。マスコミは「政治銘柄の事件」「官邸の意向」などと報じたが、厚労省関係者は「最初のきっかけは現場（労働基準監督官）からの衝き上げだった。〝人が亡くなったんだ、捜査しなくてどうする〟と、幹部に直訴した監督官もいた」と明かす。

長時間労働の是正を言う一方で、政府は国会に提出したいわゆる「残業代ゼロ法案」（労基法改正案）を引っ込めてはいない。政府は、残業代目当てのだらだら残業がなくなり、「時間ではなく成果で評価される働き方」につながる改正だと喧伝するが、過労死家族や労働団体、労働弁護士らは「残業代がなくなると会社にとって『定額働かせ放題』となり、長時間過重労働が促進される」と強く反対してきた。もとになった日本版ホワイトカラー・エグゼンプションは、第一次安倍政権が退陣するきっかけにもなった、いわくつきの法案でもある。「残業代ゼロ法案は、長時間労働是正をめざす『働き方改革』と一八〇度逆行する」（民進党・山井和則国対委員長）という野党側の指摘には説得力があるが、政府は今のところ、同法案成立に固執する。

電通事件は、「働き過ぎの国」を鋭く問う試金石になった。

会社ぐるみの問題

高橋さんはなぜ亡くなったのか。事実経過をたどると「会社ぐるみの問題」が浮かび上がってくる。

高橋さんは二〇一五年四月に夢を抱いて電通に入社、インターネット広告を扱うデジタル・アカウント部に配属される。「主な業務は、ネット広告のデータを集計・分析してレポートを作成し、（ネットに広告を出す）顧客の企業に改善点などを提案して実行すること」だったと川人弁護士は書いている（前掲・文藝春秋手記）。

試用期間中も深夜に及ぶ残業があったが、特に忙しくなったのは一〇月の本採用からである。「はじめに」でふれた高橋さんの母の過労死防止シンポでの発言によると、本採用後は土日出勤、朝五時帰宅という日もあり、「こんなにつらいと思わなかった。今週一〇時間しか寝てない。会社辞めたい」と漏らした。

一〇月から一一月初めにかけて長時間過重労働が続いたことは、ツイッターやLINEなどSNS上に遺された高橋さんの言葉からもうかがえる（一七頁の図参照）。

「休日返上で作った資料をボロくそに言われた　もう体も心もズタズタだ」（一〇月一三

高橋まつりさんの自殺前状況

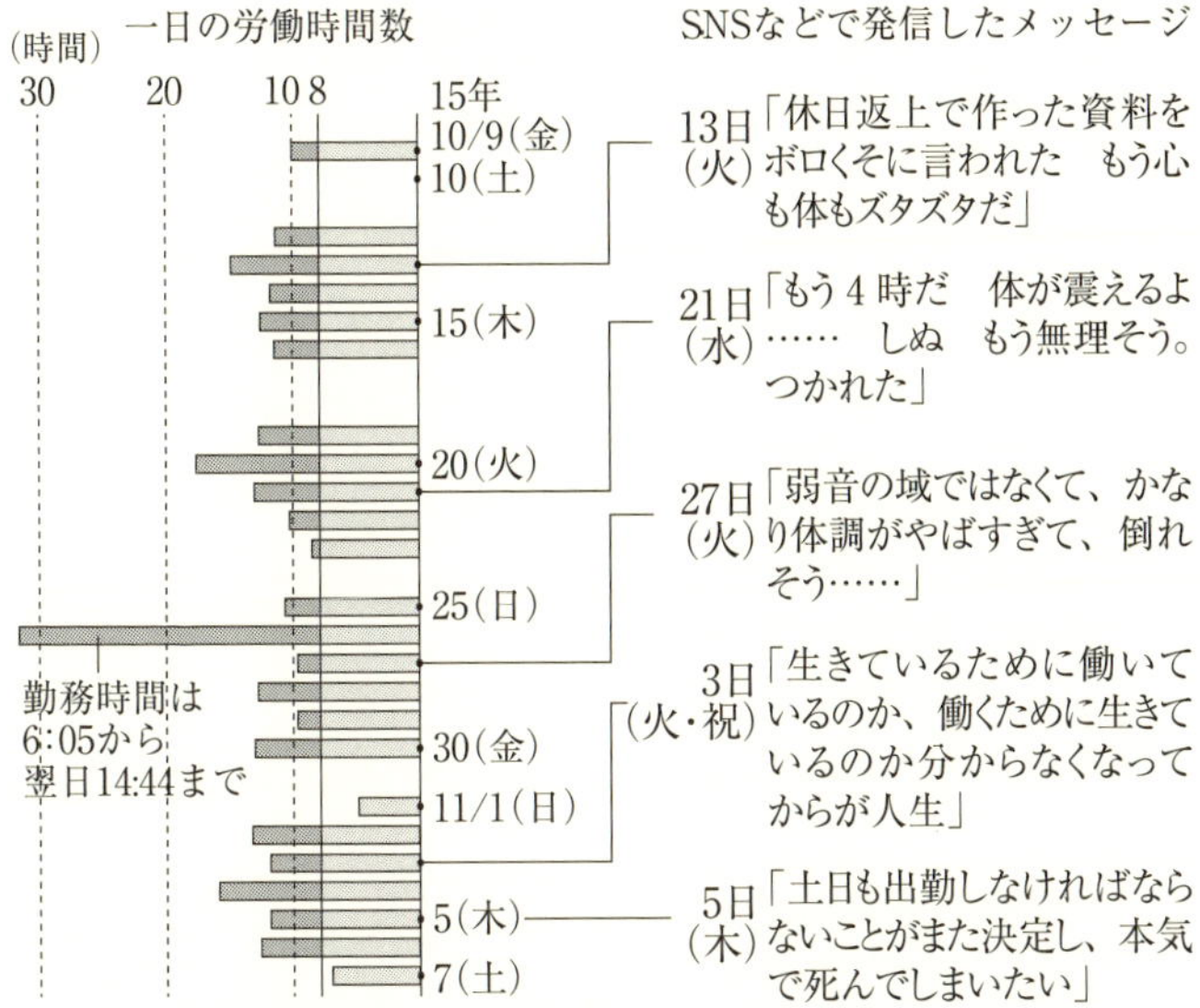

遺族側代理人弁護士が、会社側の提供した入退館記録などから作製

提供　朝日新聞社

日）

「もう四時だ　体が震えるよ……　しぬ　もう無理そう。つかれた」（一〇月二一日）

電通の入退館記録に残る記録はすさまじい。一〇月二五日の週など、日曜日の午後七時半に出社し、水曜日午前〇時四二分まで会社にいた（途中、会社を一七分ほど出ただけ）。フラフラになって帰宅しただろう水曜日も、朝九時半に再び出社。この週の残業は四七時間を越えている。

高橋さんは母の幸美さんに、二五年前に同社で起きた過労自殺の記事を持ってきて、「こうなりそう」と打ち明けた。驚いた幸美さんは、何度も頼んだ。「死んじゃだめ。会社辞めて」。その頃、先輩に送ったメールには「死ぬのにちょうどいい歩道橋を探している自分に気が付きます」と記されていた（前出の母幸美さんの発言）。

労働基準法では一日の労働時間の上限は八時間で、一週間の上限は四〇時間と決められている（三二条一項、二項）。会社がそれを越えて労働者を働かせると労基法違反となり、罰則もある。これが原則だが、例外として、従業員の過半数が加入する労働組合（過半数労働組合）か、そうした組合がない場合は労働者代表（従業員が選挙で選ぶ）と会社が時間外労働の上限についての労使協定を交わし、労基署に届け出る。労基法三六条に規定があることから、三六（さぶろく）協定と呼ばれ、三六協定で決めた範囲内なら、残業をさせても刑事罰を科されることはない（なお、会社による残業指示に労働者が従わなければならないかどうかは三六協定の問題ではなく、就業規則など契約上の根拠の有無と、残業の必要性と労働者の生活との兼ね合いも含め、残業指示が会社の権利濫用にあたらないかという個別事情の問題と考えられる）。電通が労基署に届けていた三六協定の上限は、通常は月七〇時間で、特別な事情があるときは一〇〇時間だった（特別条項）が、特別条項さえ守られていなかった。

三六協定違反の背景には、「労働時間の自己申告制」がある。労働時間は、使用者（会社）が自ら確認して記録するかタイムカードなどで客観的に記録するのが原則だが、労働者による自己申告制も認められている。一九九一年に起きた最初の電通事件は、過労自死と使用者（会社）の安全配慮義務に関する最高裁判例にもなった。その教訓から、電通は本社入口に「フラッパーゲート」と呼ばれる駅の自動改札に似たゲートを設け、社員証をタッチして出入りすると入退館時刻が自動的に記録されるしくみを作った。

三田労基署は、その記録をもとに高橋さんの労働時間が月一〇〇時間を越えていたと認定している。ところが、自己申告にもとづく記録では月七〇時間の範囲に収まっていた。

電通関係者がカラクリを明かす。

「このままだと三六協定の上限を越えそうだという時は、九時三〇分に出社して二二時に退社しても、たとえば二〇時から二二時までは仕事をしていなかったことにする。『中抜き』という手法で、労働時間の操作はほとんど暗黙の了解です。部長は『わかってるな』というくらいですが、先輩社員が『七〇時間なんか、絶対つけるなよ』と上の意向を忖度して言ってくる」

長時間労働を短く見せる手口には、「中抜き」のほか、自己啓発や忘れ物など「私事在館」もある、とされる（二二頁の図参照）。

電通は二〇一六年一二月二八日、労基法違反の疑いで書類送検されたのを受け、初めての記者会見を行ない石井直社長が辞任を表明した（エピローグ参照）。同社はそこで、二〇一五年四月以降「三六協定違反ゼロ」に取り組んだ結果、二〇一三年に一五七三件もあった三六協定違反（月次の平均）が二〇一五年には四六五件、二〇一六年には一・四件と大きく減少したと説明した。その反面、「終業と退館に一時間以上の乖離があった件数」の月次平均は、二〇一三年の五六二六件から二〇一五年には八二二二件と増加傾向にある（早めの帰宅を促した結果、二〇一六年は四七〇五件に減少。二二頁のグラフ参照）。

電通社員が勤務時間を自己申告するしくみ

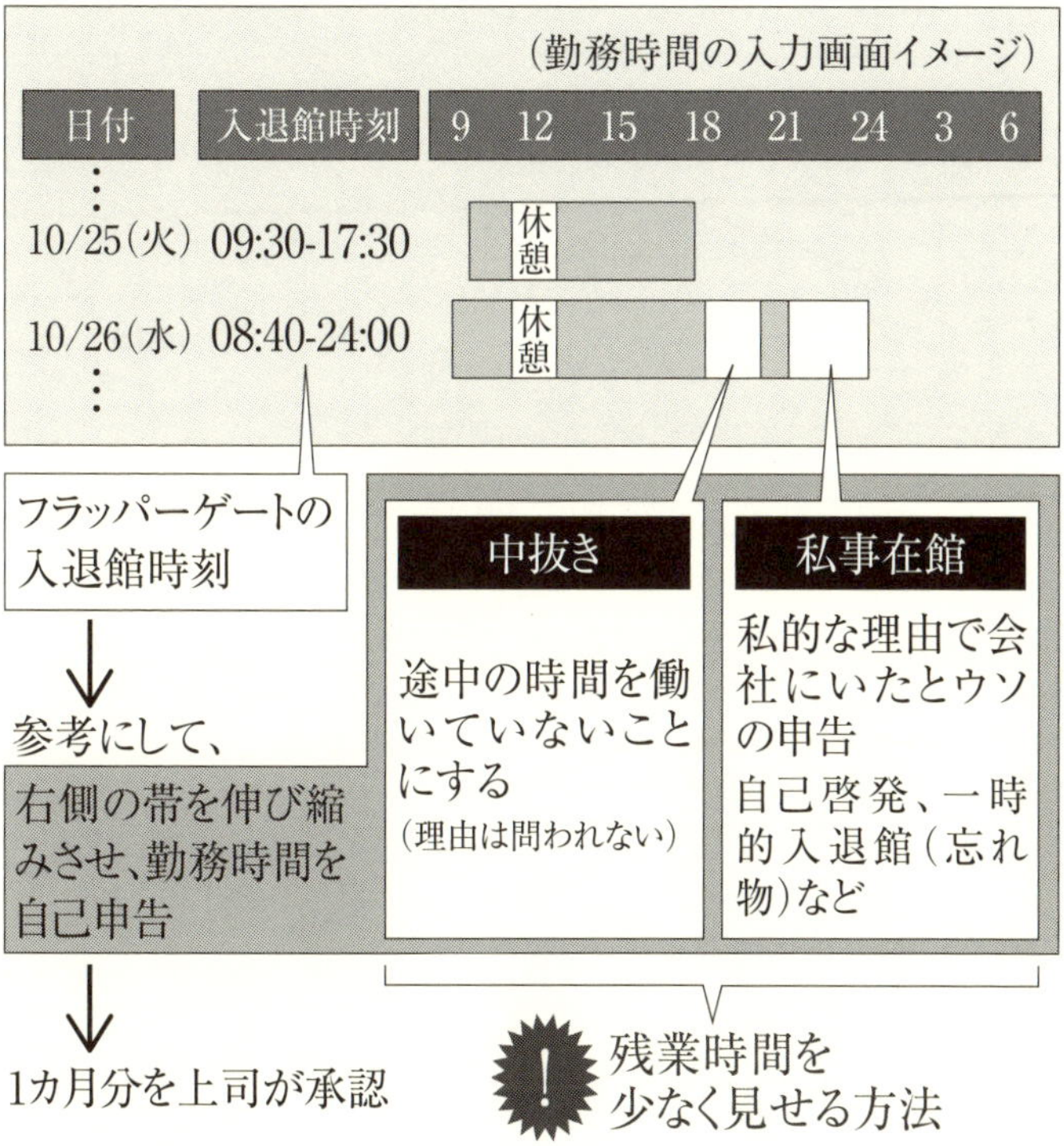

提供 朝日新聞社

電通における36協定違反者と残業時間の過少申告が疑われる件数（月平均）

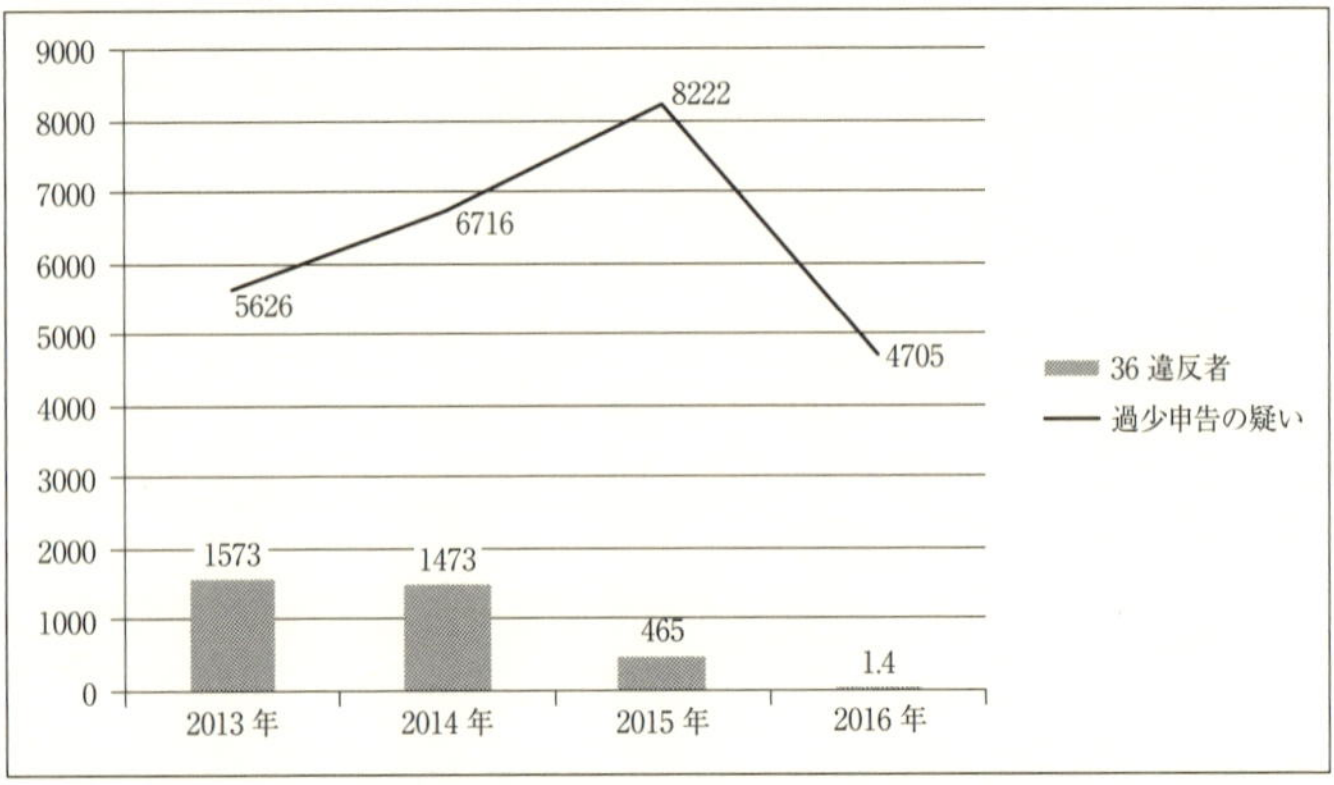

※過少申告が疑われる件数は、「終業と退館に1時間以上の乖離があった件数」のこと。2016年12月28日の電通の発表をもとに筆者作成。

終業（仕事が終わったと申告した時間）と実際に退館した時間の乖離に過少申告の増加があったのかと会見で問われた中本祥一副社長は、「そういうところに原因があったのかなと思っています」と認めた。「三六協定順守」の号令の下で過少申告が急増したとすれば、上司が明確に命じたかどうかはともかく、会社の問題だったと考えざるを得ない。

体育会系体質

過労自死が繰り返された一因にはパワハラがあり、パワハラを繰り返す「体育会系で滅私奉公を求める社風があった」と立教大学の砂川教授（前出）は言う。

SNSに遺された言葉によれば、高橋さん

は上司から「君の残業時間の二〇時間は会社にとって無駄」と決めつけられ、別の日には「女子力がない」とか「髪ボサボサ、目が充血したまま出勤するな」とも言われている。

こうした放言は、およそ合理的な業務指示を逸脱したパワハラ、セクハラにあたる。過労自死につながることもあるストレスは、ハラスメントの有無によって大きく変わる。自分がハラスメントを受けている労働者のストレスが高くなるのはもちろん、自分以外の同僚がハラスメントを受けても、ストレスは高まる。ハラスメントは人権の問題であるとともに、職場環境の問題なのだ。

二〇〇一年に入社し一一年間勤めた元電通マンの藤沢涼さん（三八）は、高橋さんの過労自死を聞いて入社当時の自分と重ね、彼女の遺した言葉を読んで苦しかったという。

「私も新入社員の頃は残業が月二〇〇時間を越えていましたが、七〇時間以上は残業をつけられませんでした」と藤沢さんは言う。藤沢さんが配属されたのはテレビ局ローカル業務部。朝は、誰よりも早く出勤してデスクの上を雑巾がけ。夜は、先輩が全員帰るまで帰れない。毎週の部会に提出する、社員ごとの業務の進捗をまとめた報告書も、前日の深夜になって「これで」と資料が送られてきて、徹夜を余儀なくされることもあった。睡眠不足と過労のため、会議中ついウトウトすると、「体調の管理、できてねえのか」と叱責される。

高橋さんも負担感を吐露していたが、藤沢さんの職場でも、新人の「仕事」として重要視されたのが「宴会の仕切り」だ。「どの店を選んで、どんな企画をして、みんなをどれだけ喜ばせられるか。二次会のメンバーは誰で、席順はどうで、サプライズゲストはと。それで新人に優劣をつけるのです」（藤沢さん）。イベントの運営も業務とする会社で、宴会の仕切りは業務と無関係ともいえないが、なぜそこまでさせるのか。

藤沢さんは「上司に殴られ、頚椎損傷のケガをしたこともあります」と明かす。デスクワークに没頭していて、先輩のほうに顔を向けずに返事をしたら、生意気だと思われたのか突然殴られた。腹に据えかね、診断書を取って「警察に訴えようと思います」と上司に告げると「それだけは勘弁してくれ。異動させてやるから」と言われ、その上司の下からは離れることができた。

「電通という軍隊組織で、新人は一番下。イジめて使い倒す。いい大学を出ていい会社に入ったと思っていたのに、想像だにしなかった悲劇に遭う。ギャップが激しすぎて、心が壊れちゃうんです」と藤沢さんは話す。

自由で伸び伸びした会社だという話も、複数の関係者から聞いた。電通関西支社のクリエイティブ部門で働いた前田さん（前出）は、体育会系的社風は、自分の部門にはなかったという。夜の部会と呼ばれる飲み会の準備が苦痛だという報道も、にわかに信じがたいと話す。

「一番軍隊っぽいのは伝統的には新聞局だと言われていて、新聞の広告面を売り買いする人たち。あとは（電通の部署の）テレビ局ですね。毎晩のように、テレビの人たちと呑みに行って、『関係づくり』に励んでます。『靴に注いだ酒を呑む』というのも電通あるあるで、昔はあったかもしれませんが、それがほとんどの部署で今もあると思われると困る。上場してからは、セクハラ、パワハラにも厳しくなったと思います」

どちらも、電通の一面なのだろう。藤沢さんは「私がいたのは営業部門。クリエイティブ（制作）は別会社のような文化だと思います」と説明する。メディア業界の片隅にいる筆者の経験でも、電通社員は才気煥発でサービス精神旺盛、楽しいことの大好きな人たち、という印象が強い。

それでも、体育会系気質と呼ばれる社風があって、そのマイナス面が過労自死にもつながっていることは否定できない。創業者の光永星郎は「走れ、走れ」と社員を叱咤し、得意先回りでも「わき目もふらず、駆ける」ことを課していた（田原総一郎『電通』（朝日文庫、一九八四年）五二頁）。その光永が始めた社の行事が、今に続く「富士登山」だ。七月に社員が富士山に登り、山頂郵便局から得意先に暑中見舞いのはがきを出すのだが、藤沢さんはこの富士登山で「一〇位以内に入らないと坊主だ」と言われ、走らされた経験がある。「登るのは関連会社も含め四〇〇人くらいですが、走るのは五〇人ほど。競わせて精神を磨くというのですが、私には、上司が面白がっているとしか思えませんでした」。近年、山を走るトレランがブームだが、高山病や捻挫などの危険もあり、訓練なしに山を走らせるのは危険だ。

高橋さんの母幸美さんが過労死防止シンポで語った「社員の命を犠牲にして業績を上げる企業が、日本の発展をリードする優良企業だと言えるでしょうか。有名な社訓には『取り組んだら放すな。死んでも放すな。目的を完遂するまでは』とあります。命より大切な仕事はありません」という言葉は、そんな電通の社風を問うている。

前述した書類送検後の記者会見で、調査にあたった外部法律事務所から、高橋さんに対し「不法行為に該当する行為は認められなかった」と報告を受けたと主張しつつも、「総合的にみてパワハラと言ってもやむを得ない」（石井社長）、「行き過ぎた指導があった」（中本祥一副社長）と述べた。また、こうした問題が起きる原因として、「強すぎる上下関係」など「当社（電通）独自の企業風土」が大きな影響を与えたと説明した。会見に先立って、「鬼十則」が二〇一七年の社員手帳に掲載されないことも発表された。

第2章　電通という会社

広告の巨人

事件を起こした電通は、言うまでもなく日本最大の広告代理店である。

その規模は、従業員数で四万七三二四人（連結。電通単体では七二六一人）。売上総利益は七六二〇億円（二〇一五年一二月期連結決算）にのぼる。広告会社の売上総利益というのは、広告枠の仕入れ費用などを除いた売上高から、一部費用を除いたものだ。国内では断トツで、世界でも第五位につける。

ただ、数字だけでは存在感がわかりにくいのが電通だ。同社をジャーナリズムの対象として取材した先駆的著作である前出の田原総一朗『電通』（元は一九八一年に『週刊朝日』に連載）には、こうある。

「ことにマスコミの世界では、電通は怪物、いや超権力として君臨している。テレビ界の人間たちは、電通のことを〝築地編成局〟だといい、ジャーナリストたちは、この怪物を〝影の情報省〟〝築地CIA〟と呼ぶ。〝築地編成局〟とは、日本の全テレビ局の本当の編成権は電通にある、つまり電通が日本のテレビを支配しているという意味だし、〝影の情報省〟〝築地CIA〟とは、日本の情報戦略は、実は電通が操っているのであって、ようするに電通が日本を動かしているのだということだ」

田原氏の『電通』はこうした見方を疑い電通の実像を描こうとしたものだし、私もこうした風説を信じてはいない。ただ電通がある種のタブーとして存在し、既存マスメディアに強い影響力を持ってきたこと自体はかなりの程度事実であり、そのことは長時間過重労働対策の遅れにも影を落としてきた（第3章参照）。なお「築地」とあるのは、同社が以前は築地にあったためで、強制捜査のニュースでも映った現在の本社ビルは汐留にある。

〝築地編成局〟とは、今流にいえば、さしずめ〝汐留編成局〟となる。

ともあれ、ここでは、まず電通自身の描く自画像を見ることから始めよう。

電通ホームページ（ＨＰ）によれば、同社には「五つの強み」がある。①世界トップ5、②国内シェア二五・三％、③クリエイティブ力、④顧客ポートフォリオ、⑤強固な財務基盤――である。

①『アドバタイジング・エージ』誌が発表した二〇一五年の売上総利益にもとづく広告コミュニケーション産業のランキングにおいて、電通は五位だった。「二〇一三年三月に完了した（イギリスの広告大手）イージス・グループ買収により、五位という順位こそ変わりませんが、四位のインターパブリックとの差はごくわずかとなりました」（ＨＰ）。同

社は「日本・米州・欧州・アジアにわたる強固なネットワークを構築して」いることも誇っている。国内で今後大きな成長が見込めないなか、世界市場で勝負しようというのが、近年の経営戦略といえる。

②について同社は「電通は世界の広告市場の一割を占める日本市場で二五・三％のシェアを確保し、第一位の売上高を保持しています。また、すべてのマスメディアでトップシェアを確保しており、強力なメディアの確保力が国内市場における電通の優位性を支える基盤となっています」としている。とくにシェアが高いのはテレビの三七・六％で、テレビCMは同社の有力な収益源でもある。ただ、ネットの伸長によって、「マスコミ四媒体（テレビ、新聞、雑誌、ラジオ）で高いシェアを持つ」という強みの値打ちが低下しつつあることが、同社の悩みだ。そこでネット広告にやみくもに手を出しながらうまくいっていないことが、後述するように今回の過労自死事件の背景事情ともなっている。

③「電通の豊かな構想力と緻密な構成力、そして表現力と説得力は国内外で高く評価されて」いると同社は言うが、電通のクリエイターは広告に関する賞の受賞者も多い。もっともそれは社員の一握りの世界であって、多くの社員は豊かな構想力からも緻密な構成力からも遠いどぶ板営業的な仕事に従事している。

④「多様な顧客ポートフォリオ」について同社は、「業種別売上（単体）では、『情報・通信』『飲料・嗜好品』『金融・保険』などを中心に、多様な顧客ポートフォリオを有することにより、安定的な収益基盤を確保しています」とするが、同社の特徴はそれだけではない。

「欧米の広告会社は、通常、一業種一社制なんです。ところが電通は、自動車でいえばトヨタの広告を作りながら、同時にホンダの広告も作る。それが巨大化した一因でもあります」と、広告業界に詳しいライターの岩本太郎さんは解説する。

⑤強固な財務基盤は、一兆円を超える純資産と高い格付けに象徴される。それは、マスコミ四媒体の「枠」を押さえ安定した高収益をあげてきた〝過去の成功〟の結晶にほかならない。

こうした大きな売上や財務基盤に支えられて、電通は従業員に比較的高い賃金を払い、学生の就活でも人気を集めてきた。数字を超えたブランド性ともいえる。藤沢さん（前出）も「知人にも親戚にも『すごいね』と言われるし、合コンに行けばもてた。それが離職率が低い理由でもあるのでしょう。ただ、そうしたイメージと社内の実態とには大きな落差がありますが」と話す。

ネットの時代に

前述したように、電通の大きな強みは、マスコミ四媒体（テレビ、新聞、雑誌、ラジオ）の「枠」を押さえていることにある。「枠」を押さえるとは、たとえていえば、大手旅行会社が新幹線のグリーン席を買い占めるようなものだ。ＪＲ（≒媒体）にとってはグリーン席が完売してありがたい。逆に乗客（≒広告を出すクライアント）にとっては、グリーン車に乗りたければ、その旅行会社（≒電通）に頼むしかないので、席を確保するために旅行会社（≒電通）に手数料（≒マージン）を払うというわけである。

岩本太郎さん（前出）は、このしくみを「枠を押さえ、マージンを抜く」と表現するが、言いえて妙だ。しばしば引いて恐縮だが、田原氏の『電通』にも、新聞雑誌局の部長の、こんな言葉が出てくる。

「電通という会社は、一見新しいもの好きで……次々にアドバルーンをぶち上げますが、実は本気じゃない。ここが重要なところなのです。……電通のスケールメリットをフルに活用して従来通りの広告屋に徹する、これが一番無難だと、経営者たちも電通マンのほとんども、ホンネではそう思っているのですよ」

四媒体のいい広告枠をガッチリ押さえ、「従来通りの広告屋」で儲ける。この「必勝パターン」が崩れ始めたことと、今回の過労自死事件はリンクしている。電通は、既存マスコミの広告の落ち込みをネット広告で代替しようと躍起だが、それがうまくいっていないのだ。そのなかで不正請求のような不祥事も起き、新入社員の命も奪われた。

過労自死事件の後、ある電通幹部は「(当社のマネジメント層に)デジタル・リテラシーが低すぎて、これじゃあ抜本的な改革なんて無理だ」ともらした。デジタル・リテラシーが低いとは、いささか持って回った表現だが、要するに電通が力を入れているネット広告の実務が上司にはよくわからない、ということである。

東京過労死弁護団の尾林芳匡幹事長は、「電通の高橋さんもネット広告を担当していましたが、IT、システムの仕事は、年長の役員、管理職には技術が乏しく、仕事のイメージと納期と価格だけ上で決めてきて、実際の作業は二〇代、三〇代に回し、上司が配慮しきれずに過重な責任を負わされ」るという状況を危惧する。ITスキルの世代的偏在が、若い働き手の心身の過重な負担を引き起こしている、というのだ。

立教大の砂川教授(前出)も、「高橋さんの上司は、『間に合わないぞ』『頑張れ』と叱咤するばかりで、実際の仕事の進め方に即したアドバイスができなかったんじゃないでしょうか」と話す。パワハラ、セクハラもさることながら、そのことも大きな問題だったのではないか。

岩本さんは、「旧来型のメディア・ビジネスの王者（電通）が、古い体質が残っていて、デジタル時代の広告に対応できない。デジタルシフトの流れに、電通が追い付いていないなかで過労自死は起きたことでは」と見る。

テレビ、新聞など既存メディアへの広告は、基本、「出せば終わり」だ。ところがネット広告は、表示回数、クリック数などで効果が細かく測定され、その結果次第で、どう掲載するかを変えることができる。「できる」というのはいいことのようだが、岩本さんは、「新聞には枠があり、テレビも一日なら二四時間しかないが、ネットは際限がない」と話す。

電通は、書類送検後の会見で、「デジタル広告と長時間労働は関連しているか」という記者の質問に、デジタル以外の部署にも長時間労働はあることを理由に石井社長は「デジタルの作業と長時間労働とが必ずしも関係あるとは思っていない」と述べた。だが、会見配布資料で電通は、さまざまなとりくみの結果、二〇一六年一～一一月には月平均の残業が二五・二時間、残業が月八〇時間を超過する社員が一一四人にまで減ったが、「依然として特定の部署や社員に業務負荷がかかる状況が続いています」と記していた。この「特定の部署」とはどこかという別の記者の質問に、中本副社長は「デジタル領域が労働集約型の業務になっている。人員の増強もしているが、仕事の性質上、なかなかワークシェアがしにくいこともあり、負荷がかかっている」とデジタル領域、つまりネット広告部門の負荷（長時間過重労働）を認めた。

高橋さんが亡くなる前に、ネット広告部門の無理は火を噴いていた。二〇一六年九月、ネット広告での電通の不正請求が発覚したのだ。クライアントから依頼された広告が一部出稿できなかったのに、全部出稿できたことにして予定通りの費用を請求した、というものだった。電通の説明によれば、二〇一六年九月二三日までに確認された「不適切業務」の可能性のある案件は六三三件でクライアントは一一一社、その広告料は約二億三〇〇〇万円にのぼる。

この件に関する記者会見で、電通幹部は、背景に「人手不足があった」と認めた。自然現象ではない。二〇一五年一〇月、高橋さんの部署は人員が一四人から六人に減らされ、高橋さんはそれまで担当していた保険会社に加え、証券会社も担当させられ仕事量がぐっと増えた。

電通はなぜ、高橋さんの部門の人を減らしたのか。予定通り売上が上がらなかったから、投入する人数を減らすことで「部門採算」の黒字化を図った、と考えるのが自然だ。「『電通』に気をつけろ！」という特集を組んだ月刊誌『ZAITEN』二〇一六年一二月号に掲載された「電通に頼ってはいけない『インターネット広告』の世界」という記事には、広告関係者のこんな声が掲載されているが、取材を通した私の実感ともかなり合致する。

「例えるなら電通はゼネコン。ゼネコンに細々したメンテナンスや家具の修理を頼むようなもの。当然、受けた方はやると言うだろうが、こんなチマチマした仕事は、そもそも〝職能が違う〟」

売上総利益に占めるデジタル領域の構成比は三四％で、国内外とも年二〇％以上の成長を遂げている（二〇一五年）というのだが、実情を垣間見ると、泥沼に足を取られ、あえいでいるようにも見える。叱咤された部下たちが力尽きて倒れているのに、上層部は「進め！　進め！」と繰り返す——。

第3章　崩れるタブー

硬直した対応

今回の電通過労自死事件では、電通の広報対応も異様だった。二〇一六年一〇月七日に遺族が記者会見し労災認定が出たことを公表。マスコミが大きく報じ社会的関心を集めているにもかかわらず、電通は一二月二八日に書類送検されるまで記者会見一つ開かなかったのだ（書類送検後の会見についてはエピローグ参照）。ちなみに、遺族が会見した際の電通のコメントは「労災認定についてはは内容を把握していない」だった。

社員向けの説明も後手に回る。社長が社員に直接説明したのは、電通本社などに強制捜査が行なわれた一一月七日のこと。石井直社長は、捜査に全面的に協力することを表明したうえで、「人が最大の財産」「新しい電通を作っていこう」と熱弁をふるったが、社員にはかん口令がしかれ、ＮＨＫの取材に「捜査が入って急に騒ぎ出すのは悲しいこと。自浄能力のない会社だ」と語った若手社員は、戒告処分された。

藤沢涼さんは言う。「現役社員からは『ルール違反だから処分されて当然』という声も聞きますが、機密漏えいでもない。むしろ、社員は腐ってないと伝える意味もあったと思うのですが……」

『日経ビジネス』の特集「謝罪の流儀」では、電通の対応を「企業内部のコミュニケーションをおざなりにした結果炎上が広がった」例として取り上げている。石井社長が社の考えを社員に直接語った説明会も、外回りの営業や子会社、海外法人の社員は参加できないのに、動画や音声、テキストを社員が見られるイントラネットにアップしていないが、それは「外部への流出を恐れたから」と指摘。三〇代男性社員の「結局はその場限りのポーズなのでしょう。広報戦略を企業に助言している会社がこの体たらくとは……本当に情けない」という声も伝えた（『日経ビジネス』二〇一六年一二月一二日号三五頁）。

戒告処分は社員の口を封じるためか、処分を撤回する考えはないか電通に質問すると、「社内規定等に関わることにつきましては開示しておりません」（広報部）という答えが返ってきた。

今回の事件について、ある地方紙の幹部からは、「『朝日』はよく書いた。驚いた」という意見を聞いた。有名大企業が若い社員を仕事で死なせ、その一因に違法な働かせ方があって当局に強制捜査を受けたのだから大きく報じられるのが当たり前だと思われるだろう。しかし、電通は長くタブーであり、今でもその感覚は業界に残っている。

田原氏も、著書『電通』の元になる『週刊朝日』連載に対し、電通社員から多くの、そして激しい意見や感想が寄せられたことについて、「電通はこれまでタブーとしてマスコミに触れられることが少なかった。書かれることに慣れていないので、アレルギー反応が極めて強いのだ」と書いている(『電通』二一二頁)。今回の硬直した対応も、長年自社がタブーだったことが一因ではないか。

武富士事件での役割

成田豊・電通元会長は、電通にとって、スポーツを大きなビジネスに育てた功労者として知られるが、交友関係は広く、時々ゴルフをする友人に「サラ金の帝王」武富士の創業者、武井保雄元会長がいた。

武富士にジャーナリストに対する盗聴疑惑が持ち上がった頃、武井は成田に「メディア対策ができる人間を寄越してくれないか」と頼む。そこで派遣されたのが、長く雑誌を担当していた鳥居達彦・第三マーケティング・プロモーション局次長だった。二〇〇三年四月某日。鳥居は、旧知の岩本さん(前出)を東京は門前仲町の居酒屋に呼び出して、言った。

「武富士に行くことになった。これは一つの賭けだ」

鳥居氏は、その翌月、『週刊プレイボーイ』が武富士と警視庁との癒着を暴く記事（筆者はジャーナリストの寺澤有氏）を載せる直前、副編集長に会って直談判している。

結局、鳥居氏は「メディアと話をつける」という手法が、武井元会長の「批判は高額訴訟や盗聴など力づくでつぶせ」という考えと合わずに武富士を去り、武井元会長は盗聴を指示した罪で逮捕、起訴され、有罪判決を受けた。

武富士は、京都駅前の地上げがこじれ、暴力団などと激しく対立した際も、電通に頼った。一九九三年、武富士本社で開かれた「京都案件対策会議」には電通社員が四人も出席。「問題は新聞より週刊誌」「記者と会う必要はない」などとアドバイスしたと、武富士の裏業務に従事していた中川一博元課長のメモに記されている。京都の地上げでは武富士と対立していた側に複数の死者も出たが、犯人は未だにわかっていない。

ところで雑誌は問題なのに、新聞はなぜ問題でないのか。それは広告で飼いならしているからだ、というと新聞記者は怒るだろうが、武富士はそう考えていた節がある。武富士問題を長く取材、報道してきた気骨あるブロック紙記者が語る。

「紙面で武富士問題について書いていたら、年一億円ほどあった武富士の広告が切られた。しばらくして電通社員が『次はどんなことを書くんだ』と、うちの広告部員を通じて探りを入れてきた。大スポンサーのことは好き勝手書かせないぞ、というプレッシャーを感じる」（このことは、『増補版　電通の正体』〈金曜日、二〇〇六年発行〉の序章でも書いた。同書は共著で、著者名は筆者を含めほとんど匿名である）。

「圧力」と見るかどうかは意見が分かれるのかもしれない。ただ、武富士取材の末端にいた経験からすると、武富士ダンサーズが躍るテレビＣＭをはじめ大マスコミには巨額の広告料を流して報道を抑え、週刊誌などが書くと高額の名誉毀損訴訟をふっかけ、盗聴にまで手を染めていた武富士の隣には、いつも電通が寄り添っていたことは忘れがたい。

コントロールされるメディア

田原氏の『電通』には「電通の圧力によってテレビの番組や雑誌の記事を変更させられた、あるいは没になったといった類の事例は、それこそ枚挙にいとまがないほどだ」（一八頁）と、あっけらかんと書かれている。

電通の圧力は、今もあるのか。『エコノミスト』二〇一六年八月二三日号は電通特集のなかで、「電通伝説の虚実」を検証。「現在も電通の圧力はあると考えることはできるが、当事者すべてが表ざたにしにくい構造のため、真実として報道するのは至難の業だ。この構造にメディアの忖度が加わる」と指摘する。

藤沢涼さんは、「私が退社する頃（二〇一二年）はほとんどなくなっていたと思いますね」と断りながら、自らの経験を教えてくれた。

「大手メーカーA社を担当していたことがありますが、同社を叩くような記事が出そうになると、すぐにおうかがいを立てて『これはやめてよ』となったら、媒体に駆け寄って内容を差し替えてもらう。お土産として『A社は、向こう半年は絶対に出稿するって言ってくれてるから頼むよ』みたいな感じで部長が駆け回ってましたね」

出稿とは広告を出すことで、広告を定期的にその雑誌に出すこととバーターで批判記事を抑えるか、載せてもトーンを落としてもらう、というわけだ。

だが、どうして電通には「クライアントを叩く記事が出そう」とわかるのか。藤沢さんは「わかるもんですね。電通が営業サイドから媒体社さんに『担当するクライアントの記事が出るときは、逐一報告して』と裏で結んでるわけなんですよ。媒体社側も、記者と宣伝部の駆け引きもあって、社内でもあつれきがあると思うんですが、会社全体としては情報を入れてくれたりしています。媒体さんによってスタンスは違います」と説明する。

圧力の根源は大手クライアント（広告主）ともいえるが、その横車を「クライアント・

ファースト」の電通が増長させているようにも見える。

崩れ始めたタブー

今回の過労自死事件は、後に、電通タブーの「終わりの始まり」と記録されるかもしれない。テレビのワイドショーこそ控えているものの、多くの新聞、テレビ、雑誌が次々と「電通の問題点」を報じたからだ。労災認定、強制捜査という形で当局が動いた後を追う、メディア独自の調査報道に比べれば安全性の高い報道とはいえ、電通に批判的な報道がこれほど展開されるとは、電通問題を多少なりとも知る身にとって隔日の感がある。

電通の力の源泉はマスコミ四媒体、とくにテレビＣＭに圧倒的な影響力を持っていることだった。筆者もたまたま見ていて印象深かったのが、テレビ朝日系列の報道番組「ニュースステーション」の最後の回（二〇〇四年三月二六日）での、久米宏キャスターの言葉だった。

「『ニュースステーション』、まもなく終了するんですが、大勢の方にお礼を申し上げなければいけません。まず、この場を提供して下さったテレビ朝日、それから代理店の電通、さらには莫大な資金を提供して下さった関係スポンサーの皆様……」

その後、日本の民放は戦争を知らない。国民の戦争に導いた過去もない。これからもないことを祈るという久米節が続くのだが、メディア関係者が注目したのは、テレビ朝日の次に電通への感謝を公言したことだった。普段は黒子に徹している「広告の巨人」の存在が、表舞台に出た瞬間だった。

黒子・電通を解剖した古典的作品として、本書でもたびたび引いている『電通』の著者で著名ジャーナリスト、田原総一郎氏と電通との接近も興味深い。田原氏は二〇〇四年、妻・節子さんの葬儀委員長を成田豊・電通最高顧問（当時）に頼んだのだ。田原氏は『エコノミスト』電通特集（前出）に載ったインタビューで、こう釈明する。

「週刊朝日の連載中に電通とやりとりするうち、信頼関係ができた。私はもともと、周囲の人間とけんかをせずに巻き込んでいく『ドロップイン』の考え方で人間関係を築いてきた」

田原氏が電通を巻き込んだのか。電通が田原氏まで取り込んだのか。またしても電通のメディア支配という伝説が裏付けられるようだが、その神通力は確実に落ちている。

失礼ながら先鋭的な媒体とも思えない『エコノミスト』が電通を正面から特集すること自体（特集は過労自死事件表面化の前）、かつてなら考えられなかった。同誌の金山隆一編集長は、特集が載った号の編集後記で「（取材を）やり始めて気づいた。『電通にメディアを支配する陰の力があるのではないか』というのはメディアの側がつくりあげた虚像ではなかったか」とつづった。

なお残るもの

「渾身の力作」（金山編集長）の特集に敬意を評しつつ、話はそう単純でもないとも思う。「虚像」が、まだ力を振るう場面があるからだ。その一つが、藤沢さんが電通を去った理由の一つでもある「原発報道」である。

「広告をもらってるからこそ、原子力を擁護するような記事が、必要以上に出ていた」と藤沢さんは言う。二〇一一年の東日本大震災で重大な原発事故が起きたが、推進の片棒を担いできた媒体も電通も反省しようとしなかった。藤沢さんは信頼できる先輩に、ぼくは反省すべきと思いますけどと言ったら、「いやいやお前の給料の一部は東電から出ているんだから、共犯だぞオレらは」と返ってきた。「清濁併せ呑むようなバランス感覚ある人だったんでしょうけど、ぼくにとってはそこが許せないというか」

一面的な原発広告のあり方に対して、広告会社はクライアントに意見することはないのか。言いなりになるより苦言を呈するほうが、クライアントの利益になる場面もあるのでは。そんな青臭い質問を思わず投げかけると、藤沢さんはこんなふうに応えた。

「そう考える、心ある社員もいます。しかし、圧倒的な少数です。クライアントの奴隷というか、クライアント・ファーストが行き過ぎて、とにかく徹底してクライアントに対してサービスを追求するんだという姿勢が求められていました。新入社員は上司の奴隷ですが、その大前提はクライアントの奴隷だということです」

「クライアント・ファーストの行き過ぎ」は、「顧客第一主義」を掲げる多くの日本企業に共通するのではないか。メディア・コントロールの問題の背景であると同時に、長時間労働の背景でもあるだろう（第4章参照）。

原発広告と報道の問題は典型的なクライアント・タブーだが、なお残る電通絡みのタブーが二〇二〇年に開かれる東京五輪をめぐる疑惑である。

「フランスの国家財政金融検事局の捜査は、世界最大のスポーツイベントである五輪招致の贈収賄疑惑にまでマトを広げた。日本からの送金についても『贈収賄、重大な資金洗浄』などの容疑で昨年（二〇一五年）一二月から捜査中と公表した」と、英紙「ガーディアン」のO・ギブソン記者は月刊誌『FACTA』二〇一六年七月号に書いている。実際、東京への五年招致が決まった二〇一三年九月前後、日本の招致委員会はシンガポールのコンサルタント、ブラック・タイディングス（ＢＴ）の口座に二八〇万シンガポールドル相当を振り込んだが、招致委にＢＴを紹介したのが電通なのだ。電通と東京五輪をめぐる重大疑惑にもかかわらず、メインストリームのメディアは鈍い。

二〇一六年一〇月、東京ＭＸテレビの番組「ニュース女子」で電通のネット広告不正（三七頁参照）をとりあげようとした。同番組はボーイズという制作会社が作っているが、ＭＸテレビ側の意向で、電通企画は収録二日前に突然中止になったと関係者は語った。取材に対し東京ＭＸテレビは「番組に関して個別の返答は差し控え」るとしつつ、「本件については、編成・考査の立場からお断りした事実はございません」（編成局広報）と電子メールで回答した。そこで、ＭＸ側はどんな説明や説得をしたのか。断らなかったのなら、企画はなぜ中止されたかを改めて質問したが、期限までに回答はなかった。こうしたメディアの体たらくが、「虚像」をのさばらしているのだ。

第4章　クライアント・ファーストの下で

口を塞がれた社員の代わりに

今回の過労自死事件への痛苦な想いから、元電通社員の前田将多さん（前出）は二〇一六年一〇月二〇日、「広告業界という無法地帯へ」というコラムを自身のブログ「月刊ショータ」に公表した。そこでは、前田さん自身、「いつか頭の血管がプツッといって斃（たお）れるのではないかという予感」を抱いたこと、「たまに命の危険を感じることがあった」ことを明かしつつ、電通をはじめ広告業界で長時間労働が続く要因を考察している。そのページビュー（ＰＢ）は五〇万を数え、ハフィントンポストにも転載され、電通内外に大きな反響を呼んだ。どうしても話が聞きたくて、関西に住む前田さんに会いに行った。前田さんの話は、電通に限らず、顧客サービス業における働き過ぎの問題について示唆的だった。

前田さんはアメリカの大学を卒業して二〇〇一年に電通に入社。関西支社のクリエイティブ部門で働き、二〇一五年六月に退社。電通を辞めてから四か月ほど、憧れていたカウボーイの仕事をカナダで体験的に取材、本にまとめているという。

「自殺の問題は以前にもあった。それ以外にもうつ病で休んでいる人がいっぱいいるんですよ。たしかに、ここ数十年ずっと労基署からは目をつけられ、経営層もずっと頭を悩ましていた問題なんですけど、今回高橋まつりさんの件はセンセーショナルな取り上げられ方をした。あることないこと書かれますわね。だけど、電通のなかにいるぼくの元同僚たちはかん口令が敷かれてて何も言えない。だからぼくは、もう自由な立場なんで、なるべくフェアな視点からと思って、このコラムを書いたんです」

責任の一端を感じつつ、取材にもできるだけ応じているという。

約一四年間、電通で働いたなかで、前田さんの職場では六五時間だった三六協定の上限を超えたのは三、四回しかなく、「暇だったら喫茶店で本を読んでいても、映画館で映画観てても良かった。その時間は自分で届ける労働時間からは外してましたが」というのだが、前述したように、コラムには「命の危険を感じることがあった」と書いている。どんな場面だったのか。

「キツいプロジェクトがあって、長時間にならざるをえない時がある。関係者も多かったんで、メールが一日に一五〇本くらい飛び交う。ちょっと会議で二時間くらい席外してたらメールが二〇本くらい溜まってたとか。パソコンに向かう仕事のほうがしんどくて、撮影が朝までかかるのはそんなにしんどくない。それはイベントで気持ちも高揚してるし、仲間と苦労してやってますから何とかなるんですけど」

顧客サービス業につきまとう問題

長時間労働の背景に「クライアント・ファースト（お客様第一）」があると、前田さんも指摘する。コラムでも強調されている論点だ。

「先人たちの努力により『大抵のことはやり遂げてくれる』という評価を築いた電通は、いつしか『どんな無理を言ってもいい存在』に成り下がってしまった。……広告主の発言権が際限なく大きくなってしまい、キーマンをあたかも神のように扱うのが広告業界の悪弊となってしまった。もちろん、靴を舐めるようにして増長を許してきた電通、博報堂を始め、各広告会社の責任も免れないだろう」（「広告業界という無法地帯へ」前出のブログ）

お客様第一（電通ではクライアントファースト）を掲げる企業は多いし、それ自体が悪いとも言えない。だが、行き過ぎるとどうなるか。前田さんは、「広告の場合」をこう説明する。

「日本人のいいところでもあり悪いところでもあると思うんですけど、無法地帯という表現をしたのは、金も時間もめちゃくちゃなわけですよ。契約書を交わすわけでもなく、『この仕事、いくらでお願い』と口約束で始まり、たとえば、『Aという仕事は一〇〇〇万円で三月一日までに』と決まる。ところがAという仕事の内容が、どんどん変遷していったりするわけですよ。全然違うBからCくらいになってコストもかかっているにもかかわらず、『一〇〇〇万円は変わらないし、納期の三月一日は死守して』となる」

クライアント（お客様）に振り回されて長時間労働が発生する事情は、電通に限らない。

所定外労働（残業）が発生する理由を企業側に聞くと、「顧客（消費者）からの不規則な要望に対応する必要があるため」「業務量が多いため」「仕事の繁閑の差が大きいため」「人員が不足しているため」が多い。情報通信業では、「顧客（消費者）からの不規則な要望に対応する必要があるため」が六五・〇％とダントツで、「顧客（消費者）の提示する期限・納期が短いため」も三六・七％と高いのが目立つ（複数回答）。

一方、労働者側（ここでは正社員労働者）に聞くと、「人員が足りないため（仕事量が多いため）」「予定外の仕事が突発的に発生するため」「業務の繁閑が激しいため」を挙げる人が多かった。情報通信業では「予定外の仕事が突発的に発生するため」が四〇・一％、「仕事の締切や納期が短いため」が三〇・九％と高くなっているのが目立つ（厚生労働省

『過労死等防止対策白書』〈『過労死白書』〉平成二八年版五六〜五七頁）。情報通信業に限らないが、業務量に見合った人員配置がなくてギリギリ回しているところに、クライアントに振り回されて予定外の仕事が突発的に発生し、長時間労働が強いられている顧客サービスに関わる特徴が浮かぶ。

前田さんは前述のコラムで「『夜十時以降の残業禁止』とか『電灯消すから帰れ』と、勝手に決めるのはカンタンだ。では、目の前の仕事と雑用をどうすればいいのか。出口ばかり塞がれても、入口から流れ込んでくるものを制限しないと溢れ返るではないか」と書いている。

「自発的」な働き過ぎ

クリエイティブ部門には、「自発的」な長時間労働という問題もつきまとう。いくら時間をかけても、作品の完成度はキリがない（ように思えることがある）からだ。

「たとえばポスターを作るときに、デザイナーとコピーライターが一緒に仕事をするんです。デザイナーは、電通ではアートディレクターといって芸大出。コピーライターのほうが早く書いて呑みにいっちゃう。アートディレクターは細部にこだわって、手をかける。

過去６か月間で長時間労働により体調を崩した経験（上司による管理状況・１週間の平均実労働時間別）

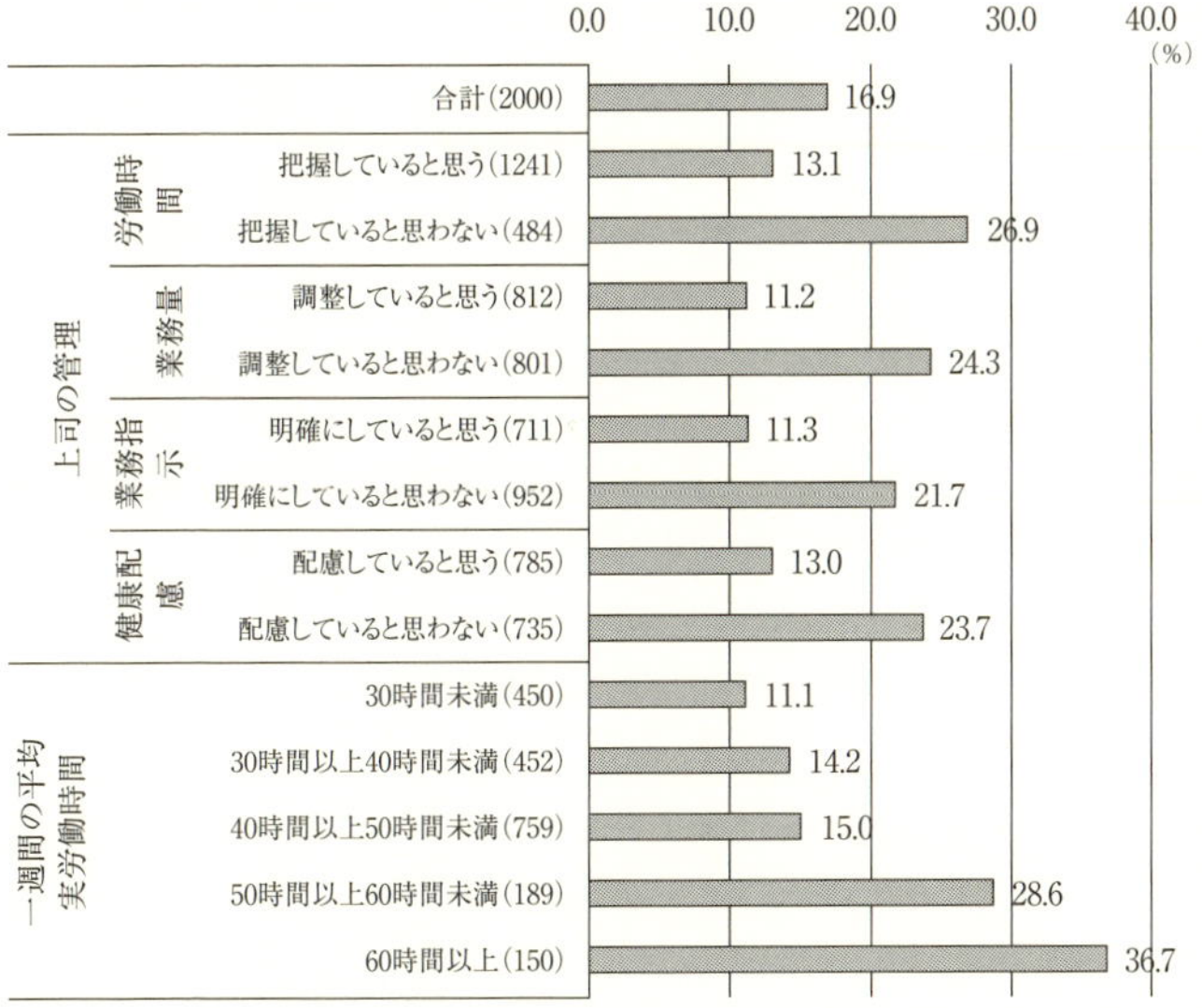

（注）（　）内は、回答者数（N）
（出所）連合総研「勤労者短観」（2016年10月）。

世に出す以上、少しでも良くしたいと。それが電通のいいところでもあった。自由にやりたいだけやれと。クライアントからああせえこうせい、と言われ『やんなくちゃ』というのと、作り手側が『もっとやりたい』と思うのと、両面が混じり合って長時間になるのです」と前田さんは言う。

　とはいえ、以前なら〝救い〟もあった。プレゼンの前日、企画書の仕上げが深夜までかかることもあるが、プレゼンが終われば「じゃあ、帰って寝るわ」という形でバランスを取っていた。締切がピークで、それまではしんどいけど、締切を過ぎると少し暇になる。

そうやって「オン」と「オフ」とが切り替わっていたが、テレビは二四時間放送、新聞もネット展開と、二四時間三六五日「オン」が続きかねない状況が現出した。高橋さんが担当していたネット広告も、まさにそうだ。

こうした長時間労働は健康にも影響する。連合総研が二〇一六年一〇月に行った調査によると、過去六か月間で長時間労働により体調を崩した経験は、当然ながら労働時間に比例するように増え、一週間平均の実働が五〇～六〇時間で二八・六％、六〇時間を超えて働く人では三六・七％に及んでいる。

脳・心臓疾患に係る労災支給決定件数のうち死亡したケースつまり、典型的な過労死（過労自死はここには入らない）は、二〇〇九年から二〇一五年までおおよそ年一〇〇人にのぼる。

二〇〇二～二〇〇八年の一五〇人前後よりは減ったとはいえ、依然高水準で、過労で倒れても労災申請をしないケースが少なくないことを考えると、これは氷山の一角ともいえる。ちなみに、就業者の脳血管疾患、心疾患等による死亡は年間約三万人（二〇一〇年）

にのぼっている（『過労死白書』平成二八年版一六頁）。このなかには、申告、認定されていない過労死の事例もかなり含まれていると考えられる。

またこの三年の過労自死の労災認定件数（精神障害に係る支給決定件数のうち自殺者〈未遂も含む〉の件数）は二〇一三年度が六三件、二〇一四年度が九九件、二〇一五年度が九三件だった（『過労死白書』平成二八年版二九頁）。なお、「勤務問題を原因・動機の一つとする自殺者数」を見ると、二〇一三年が二三二三件、二〇一四年が二二二七件、二〇一五年が二一五九件と高水準にある（同二〇頁）。この二〇〇〇人を超える「勤務問題を原因・動機の一つとする自殺」のなかにも、認定されなかった、また労災申請もなされていない過労自死が含まれていると思われる。

長時間労働が「サービス」に

前田さんは「あらゆる仕事に正当な対価が支払われたら、こうはならなかったんじゃないかと思うんです。何もかもが安すぎ、全部が薄利多売で、われわれは歯車の中のモルモットみたいになるわけですよね。これから人口が減っていくのに、このサービスと社会のあり方を続けてたら、そりゃ破綻しますよね」とも言う。

背景には、投入した労力を請求に載せられず、「一式いくら」のように決まる商慣行があり、ＩＴ系の業務でも問題になることがある。「広告業界でも、コンサルタントや弁護士のように、きちんとフィーを取れればいい。今は、そこに移り変わっていく過渡期だと思うんですが、まだ古くからの電通のビジネススタイル、広告媒体費で稼いでる」

テレビＣＭでいえば、ＣＭの中身を作るのが「制作費」で、それをたとえば、フジテレビの何時のどの番組に流す、そこにかかるのが「媒体費」だ。電通は一五％を目安に手数料を取る。媒体費で大きく稼げるからこそ、他の業務ではさほど利益が出なくても成り立ってきた。それにしても、小零細の広告会社ならともかく、「広告の巨人」がクライアントの「靴を舐めるようにして増長を許してきた」のか。もっと上から目線なのでは……。

「私もそう思っていたんですよ、最初は。電通たるもの、広告を打ちたい企業に対して指南しながら仕事を進めるイメージを持ってましたけど、実際は全然そんなことなくて、もちろん提案はしますけど、実際は言いなりなんですよ」

「創業一九〇一年ですよね。だから一一五年間も商売している。なのに、受発注と制作のルールを何できちんと決めなかったのか。電通の強みは、いい（広告）枠が取れるメディアバイイングと、いい広告クリエイティブを提案できるという両輪だったんですけど、広告の黎明期に広告を出して欲しいあまり、クリエイティブ（広告制作）をサービスでやっちゃった。それが日本のデザイナーやクリエイティブに関わる人の辛いところで」

コラムに書ききれなかったが、と言って、前田さんの話は下請けの苦悩にも及ぶ。

「電通は協力会社って言うんですけど、いわゆる下請けですよね。そのデザイナーとかCMプロダクションのスタッフの人たちが一番しんどい。電通よりも長時間労働で、電通よりも給料が低いんだから」

顧客（クライアント）のありとあらゆる注文や要望、時にはわがままに振り回されて発生する働き過ぎにブレーキはないのか。前田さんはこう考える。

「電通にしても、他の日本企業にしても、もっと断ることを覚えなきゃいけないんじゃないか。おそらくアメリカ人だったら断る。グローバル化を進めながら、内実は昔ながらのドメスティックなやり方なんです」

好き嫌いはともかく、iPhoneの開発、Amazonの展開、近年のイノベーションは米国発が目立つ。日本は「人数と気合」だけあればできることを突き詰めすぎた。前田さんはそう考える。「今五〇代、六〇代の経営層、マネジメント層が、高度成長期やバブル期の成功体験のまま、今でも会社を運営している。そこに無理が出ている。人はいないし、若い人はそんなにガムシャラに働きたいとも思ってないし。この国がゆっくり階段を下りていくなかで起きる歪みの一つだと思うんですけどね」

仕事のおもしろさや発生する利益に応じて顧客をAからFまでランク付けし、D以下を切ってはどうか。前田さんはそんな提案をしたことがあったが、受け入れられなかった経験がある。それでも「銀行が午後三時に窓口を閉めるように、広告会社にも毅然としたところがあっていい。もっと仕事を選ぶべきだと思うんです」という前田さんの持論は変わらない。

第5章　電通事件と「働き方改革」

すべては生産性のため？

安倍政権が「働き方改革」を進めようとした矢先に起きた電通の過労自死事件は、この国の歪んだ働き方に、強い警鐘を鳴らした。長時間労働の抑制に、今度こそ政権も本気だとされる。だが、「働き方改革」の先に人間らしい働き方が本当に実現するのか。

まず、安倍首相の話を、やや細かく読み解いてみよう。

二〇一六年一〇月一九日、安倍首相は官邸で開かれた「働き方改革に関する総理と現場との意見交換会」（第二回）の冒頭で、こんなあいさつをした。

「先般、電通の高橋さんが、長時間労働によって過酷な状況の中で自ら命を絶つという大変悲しい出来事がありました。このようなことは、二度と起こしてはならない。やはり働き方改革を進めていかなければならないと、こう思っております」（安倍首相の発言の引用は首相官邸ホームページから、以下同じ）

この部分は広く報じられたが、この発言には前段がある。首相はこう言っていたのだ。

「働き方改革は、安倍政権にとって最重要課題の一つです。なぜ最重要課題かと言えば、日本は人口が減少していくわけですが、その中でも成長していかなければ、伸びていく社会保障費に対応できない。そのためには生産性をあげていかなければいけない、という側面があります。働き方改革を進めていくことで生産性の向上に結びついていくと同時に、それぞれの人々にとってより豊かな人生にも結び付いていくのではないか」(傍点筆者)

つまり、少子高齢化と社会保障費の増大に対応し、生産性を上げて経済を成長軌道に乗せていく、いわば成長戦略の重要な手段として「働き方改革」は位置づけられているのだ。それが「同時に」働き手の「より豊かな人生にも結び付いていく」とされるのだが、主眼が生産性向上にあることは文脈上明らかだろう。

安倍首相は一六年九月二一日、ニューヨークでの金融・ビジネス関係者との対話では、もっとストレートに持論を展開している。

「アベノミクスは未来の成長に向けたものです。……言うまでもなく、長時間労働は害をもたらすものです。我々は、この点も改革するため、規制の枠組みを強化し、新たな法律を提案します。そのようになって初めて、女性は仕事を見つけやすくなるでしょう。高齢者は仕事を見つけやすくなるでしょう。この問題は、社会問題である前に、経済問題です。我々は労働参加率を上昇させなければなりません。賃金を上昇させなければなりません。そして、労働生産性を向上させなければなりません。『働き方改革』が、生産性を改

善するための最良の手段だと信じています」（傍点筆者）

生産性の向上も、大切な課題ではある。だが、労働時間の問題は社会問題である前に経済問題という発想には、いささかの違和感を禁じえない。

二〇一二年一二月に成立した第二次安倍政権は当初、「世界で一番企業が活躍しやすい国」を標榜し、労働法制を「岩盤」を呼んでその解体的改革を図った。たとえば「特区」を活用した解雇規制緩和であり、「行き過ぎた雇用維持型から労働移動支援型への政策転換」である。だが、特区の中だけ首切りをしやすくするしくみは世論の怒りを買い「法の下の平等に反する」と厚労省も強く反対して頓挫。労働移動支援は、再就職支援のために補助金をもらった人材会社が解雇ビジネスに手を染めていたことが発覚して批判が集中。一定の見直しを余儀なくされた。「世界で一番企業が活躍しやすい国」という企業ファーストの政策目標と、「働き方改革」という一見働き手に寄った施策とは、どういう関係にあるのだろうか。

残業代ゼロ法案

その問題を考える際、カギの一つとなるのが、いわゆる残業代ゼロ法案（労基法改正案）である。

残業代ゼロ法案の眼目は二つある。一つは労働基準法の労働時間規制が適用されなくなる「高度プロフェッショナル」と呼ばれる働き手を作ることであり、もう一つは企画業務型裁量労働制を営業社員などに広げることだ。

高度プロフェッショナル制度について政府は、「健康確保や仕事と生活の調和を図りつつ、時間ではなく成果で評価される働き方を希望する労働者のニーズに応える、新たな労働時間制度を創設する」（二〇一四年六月に発表した新成長戦略）という説明を繰り返してきた。そして、対象となる労働者を「基準平均賃金額の三倍の額を相当程度上回る」という条文を入れ、省令で「年収一〇七五万円以上」と定めることで、不安の払拭を図った。

だが、「労基法改正案には『成果によって賃金を支払う制度にする』などとはどこにも書かれていない」（労働時間問題に詳しい棗一郎弁護士）ので、時間ではなく成果で評価される働き方を希望する労働者がいたとしても、この法案でニーズがかなうわけではない。労基法改定前から、成果の評価と賃金・一時金を連動させる成果主義賃金は広がっている。

また、長時間労働の規制は命と健康に関わるルールであり、その必要性は年収の多寡に関わりがない。政府は、専門的な業務に携わり年収が高い労働者は会社と対等に交渉できるとも主張されるが、労働者が会社と対等に交渉して労働時間を短縮するなど至難の業だ。すでにみたように、長時間労働の原因は業務量が多い、人が足りない、顧客からの注文への対応などであって、労働者個人がコントロールできないものばかりだからだ。

東京過労死を考える家族の会代表、中原のり子さんは、一九九九年八月、過労自死で小児科医だった夫を失った。行政は労災を認めなかったため、行政訴訟を起こして労災を認めさせ、病院を相手にした民事訴訟も最高裁までたたかって和解した。自身の裁判が終わってからは、過労死等防止対策推進法（過労死防止法）の制定に奔走。制定に貢献した一人だ。

労基法改正案（いわゆる残業代ゼロ法案）が閣議決定されたのは、中原さんたち過労死家族の悲願が実った過労死防止法ができた、わずか四日後のこと。法案を見て、中原さんは思った。

「高度プロフェッショナル制って、うちの夫のことだ！」

彼は一九年間医師をし、最後は部長職。年収は一〇七五万円を超えていた。働いても働いても残業代は出ず、正当な評価もなかった。上からは「小児科はベッドの効率が悪い」「もっと働け。もっと頑張れ」と叱責され、「病院に搾取されている」と夫が漏らしたこともある。「だから高度プロフェッショナル制には、人が過労死する罠がある」と中原さんは力説する。

裁量労働制導入も、最初に決めた時間分の残業代だけを払えば後はどんな長時間労働になってても決められた額以上は払わなくていい（逆に、仕事が早めに終わっても決められた時間分の残業代は払われる）というしくみだから、残業代ゼロではないが、会社にとっては残業代負担が打ち止めになる。

残業代が出るから、残業代目当てのだらだら残業が横行する。残業代ゼロ法は、効率的な働き方を促し労働時間を短縮するのだ、といった言説も流布された。だが、長時間労働になる原因を聞いた厚労省委託調査では、労使ともに「残業代目当て」という回答はほとんどなく、また連合総研の調査では、残業代が（一部にせよ）払われなかったと回答した労働者は三八・二％にのぼった（二〇一六年九月分の残業について）。残業代が払われない会社でも、長時間労働はなくならない。否、むしろ、そうした会社でこそ長時間労働が蔓延する実態がある。残業代を抑制するために労働時間を抑えようという動機が、経営側に働かないからだ。そう考えると残業代ゼロ法案は、現在は違法な不払い残業を合法化し、過労を促進すると考えざるをえない。

残業代ゼロを先取りする職場

「残業代ゼロ」になると、働き方はどう変わるのか。日本国内でその先例になっているのが、小学校、中学校、高校の教育現場だ。教員には、労基法三七条の時間外労働の割増賃金規定が「適用除外」となっている。一九七一年に制定された給特法（公立の義務教育諸学校等の教育職員の給与等に関する特別措置法）で、教員の時間外手当は「時間外勤務手当及び休日勤務手当は支給しない」（同法三条二項）とされ、その代償として月給の四％の「教職調整額」が支給されるしくみだ。教員の労働時間が短かった「古き良き時代」はまだしも、昨今では、長時間不払い労働の温床になっている。

私は二〇一四年、立正大学非常勤講師の永井栄俊氏とともに、東京都内で働く公立学校教員の勤務実態を取材したことがある。そこで驚いたのは、二〇一二年度の小中学校の「定年以外の理由での退職者」のうち一〇・五％（一四人）が在職死、一三年度は一四・四％（二〇人）が在職死だったことだ。情報開示請求によって東京都教育委員会から入手した、定年以外の退職実態を集計した「特例管理帳票」という資料からわかった。病気による退職も目立つ。

東京都下で働く中学校教員は、「うちの市でも最近、部活指導に熱心な五〇代の男性教員が亡くなりました。でも、労働時間がわからないから過労かどうかはっきりせず、『健診をきちんと受けるように』と言われました。倒れたって自己責任なんです」と語った。

新宿区教職員組合の深澤裕執行委員は、採用されたばかりの教員（当時二三歳）の自死の公務災害（公務員の労災）認定を支援したことがある。その経験から「勤務時間の証明が難しい」と痛感した。彼女の超勤は、早朝出勤や持ち帰り残業を含めると月一三〇時間を超えていたが、地方公務員災害補償基金東京都支部は当初、USBメモリ等の記録等からただちに具体的な作業時間数を算出することはできないとして超勤時間を一部しか認定せず、公務災害と認めなかった。不服申し立ての結果、同支部審査会は「強度の精神的ストレスが重複または重積する状態」によってうつを発症し、自死に至ったと認め、公務災害を認定した。

ＯＥＣＤが二〇一三年に実施した「国際教員指導環境調査」（ＴＡＬＩＳ）でも、教員の週労働時間の平均が三八・三時間なのに対し、日本は五三・九時間と突出している。厚労省は「小中学校等の教員にも労働基準法三二条（労働時間）は適用されます。残業代はなくても、使用者には安全配慮義務があり労働時間を把握すべきなのは民間企業とかわりません」(労働基準局監督課)と説明するが、教育委員会や校長は労働時間を正確に把握していない。そんななか、週六〇時間という過労死ラインを超えて働いている教員は小学校で七二・九%、中学校で八六・九%にのぼる(「日本における教職員の働き方・労働時間の実態に関する研究委員会」調べ、『DIO』二〇一七年一月号)。

文部科学省によれば、二〇一五年度に病気で休職した公立学校の教員は七九五四人で、そのうち五〇〇九人(六二・九%)がうつ病など精神疾患が理由だった。長時間過重労働の弊害は、教員の心身の健康に深刻な影響を与えている。

労働基準監督官たちの思い

電通への捜査や「働き方改革」で注目を集めるのが、労働基準監督官だ。二〇一三年には日本テレビ系列で放送されたドラマ「ダンダリン　労働基準監督官」(竹内結子主演、原作は田島隆氏のマンガ)でも取り上げられた。

話を聞いた監督官たちは「個別の事件のことは話せない」と一様に慎重だったが、高橋まつりさんの過労自死について、ある監督官は「それは悔しいですよ。四か月前に指導に入ったのに、防げなかったんだから」と唇をかんだ。(以下、この項の「　」内の引用は、

複数の労働基準監督官の発言）

監督官たちは、労働局や労働基準監督署（労基署）に配属され、労働者からの申告や情報提供、あるいは独自の計画にもとづいて会社に臨検と呼ばれる立ち入り調査に入る。

労使で交わし労基署に届けた三六協定の上限を超えて労働者を働かせている、残業代がきちんと払われていない――。電通もそうだったが、これらはもちろん違法だ。監督官は、会社への立ち入りや尋問などの権限を持って、監督と指導、時には捜査にあたっている。

「全員の残業時間が、たとえば月四五時間にぴったり揃っていると、過少申告だなとピンときます」。会社ぐるみで労働時間をごまかしているのだが、そこで引きさがっては監督官は務まらない。どんな仕事でも、「業務的に残る『足跡』」があるので、それを丹念にたどれば実際の労働時間はかなりわかるという。

電通のように労働時間を自己申告制とし、会社が決めた上限を超えて申告しないように仕向けるという話はよく聞く。だが、企業が「労働者が短い時間で自己申告したから、会社は知らなかった」では通らない。「平成一三年（二〇〇一年）に出された、通称・労働時間適正把握基準（「労働時間の適正な把握のために使用者が講ずべき措置に関する基準」平成一三年四月六日付、基発第三三九号）というのがあって、労働時間把握を労働者の自己申告による場合でも、会社は申告された労働時間が実態と合っているかどうか必要に応じて調べなければならないのです」

違反が見つかれば是正を指導し、改善報告書を提出してもらう。だがそうやって指導し、その時は是正しても、また違反が繰り返されてしまうことがある。「私たちはそれを『後戻り』と呼んでいます。『後戻り』が起きる原因はいろいろありますが、私たちの指導が違反の指摘にとどまっていて、適正な労働時間管理の仕方や体制にまで踏み込んだ十分な指導ができていない場合もあります。臨検監督件数のノルマがあり、一件に割ける時間がまったく足りないのです」

違反があっても、監督官の指導に素直に従う企業ばかりではない。聞かなかったり、逆ギレする経営者もいる。「監督官の七割は、労基法違反の企業側に暴言を浴びたり、身の危険を感じた経験がある」という。なかなかハードな仕事だが、「かとく」と違って普段は「臨検も、話を聞くのも、なんでも一人です」。

背景には、強力な公務員減らしがある。監督官自身はこのかん少しずつ増えているのだが、労基署の職員の数は、二〇一一年度の四九五〇人から二〇一六年度には四八六九人と八一人減っている（二〇一六年一〇月二五日、参議院厚生労働委員会での福島みずほ議員の質問と政府答弁による）。そんななか発足した「かとく」には期待と注目が集まる。監督官たちは「たしかに注目が集まるメリットはありますが、職員の総数は増えていないんで」と悩む。

監督件数が事実上のノルマになっているから、一つの企業の指導にそんなに時間もかけられない。件数はこなさなければならないし、指導の実も上げたい。その両立が難しい。「法令違反の是正とともに、過重労働自体の解消に向けた指導もしますが、その部分はあくまで指導で強制はできない」のも悩みだ。

そんななかでもていねいに指導した企業から、「長時間労働を解消したら業務が効率化し、従業員のやる気もアップして業績が伸びました。みんな（従業員）の顔色も変わって」という話を聞くと、仕事にやりがいを感じるという。

労基法で守られない働き手

監督官たちが力を発揮できるのは、労基法という〝武器〟があるからだ。だが、第四次産業革命ともいわれる技術革新を背景にして、「雇われないで働く労働者」が国際的に増えている。彼女・彼らは、既存の労働法制では守られないことが多い。ほとんどの場合、労働法制が雇用を前提にしているからだ。

安倍政権の「働き方改革」は、「雇われない働き方」をフリーランスとかアライアンスと呼んで、日本でも広げていこうとしている。ちなみにアライアンスは、直接には連携という意味だが、ここでは個人が企業に雇われるのではなく、業務ごとに企業と連携して仕事を進めるといったニュアンスで使われている。世耕弘成・経済産業大臣は「従来の日本型雇用システム一本やりだけではなく、兼業、副業、フリーランサーのような働き手一人ひとりの能力を柔軟な働き方で引き出していくということが重要」と述べ、「雇用関係によらない働き方」に関する研究会を立ち上げた（座長は高橋俊介・慶應義塾大学特任教授、第一回は二〇一六年一一月一七日開催）。

企業の指揮命令の下で正社員が長時間働かされる実態から、「雇われない働き方」は自由度が高く、ワークライフバランスにもプラスだというイメージで語られることが多いが、実態はそう単純ではない。

フリーランスのシステムエンジニア、Aさんは、自身を「大規模なコンピュータプロジェクトの歯車の一カケラかな」と自嘲する。この道二〇年のベテランだ。大手ゼネコンを仕切る建設現場のように、重層的下請構造に組み込まれたさまざまな会社から送り込まれた社員やフリーランスが混成チームを作って働き、仕事が終わると散っていく。名刺も契約書もない。

報酬（賃金ではない）は固定で、一応は「八時間労働」で計算されているのだが、三日間徹夜だったり、一二日間連続勤務で一三日目にやっと休めたり。請負なのに、出退勤もうるさい（『労働情報』二〇一七年一月一日・一五日合併号の座談会「雇われない働き方のリアル」）。

過労死防止という角度からは、三六協定で決められる労働時間の上限の法定や、退勤から翌日の出勤までの間隔をどれだけ開けるかを決めるインターバル規制の導入への期待は高い。だが、労働時間ルールを前向きに変えても、そのルールの枠外で働く働き手を安易に増やしていくのでは、ほんとうの改正と呼べるのだろうか。「働き方改革」には、なお多くの課題がある。

第6章　別のモデルを探して

郵便局の「お立ち台」

電通で過労自死した高橋まつりさんの母、幸美さんが発言して大きな反響を呼んだ過労死防止シンポ（厚労省主催）は、一一月の過労死防止月間の重要イベントとして全国各地で開かれた。幸美さんが話をしたのは二〇一六年一一月九日の東京会場だったが、同月二八日、さいたま市で開かれたシンポでは、さいたま新都心郵便局で過労自死した日本郵便社員Bさん（当時五二）の妻（四八）が登壇。夫の死と会社との裁判、一〇月一二日にさいたま地裁で成立した和解への道のりを語り、「二度と繰り返さないで」と訴えると、満員の会場は静まり返り、すすり泣きも漏れた。

Bさんの過労自死は、高橋さんほどの超長時間労働ではなかったが、パワハラの被災という点が共通している。そして、パワハラは苛烈だった。

ＪＲ京浜東北線の「さいたま新都心駅」からほど近いさいたま新都心郵便局は日本郵便関東支社と同じビルにあり「集配のモデル局」と位置づけられてきた。管理者たちは「ミスるな！」「事故るな！」「残業するな！」と繰り返し、職場は暗い雰囲気に覆われていた。

ストレスの状況（ハラスメントの有無別）（労働者調査）

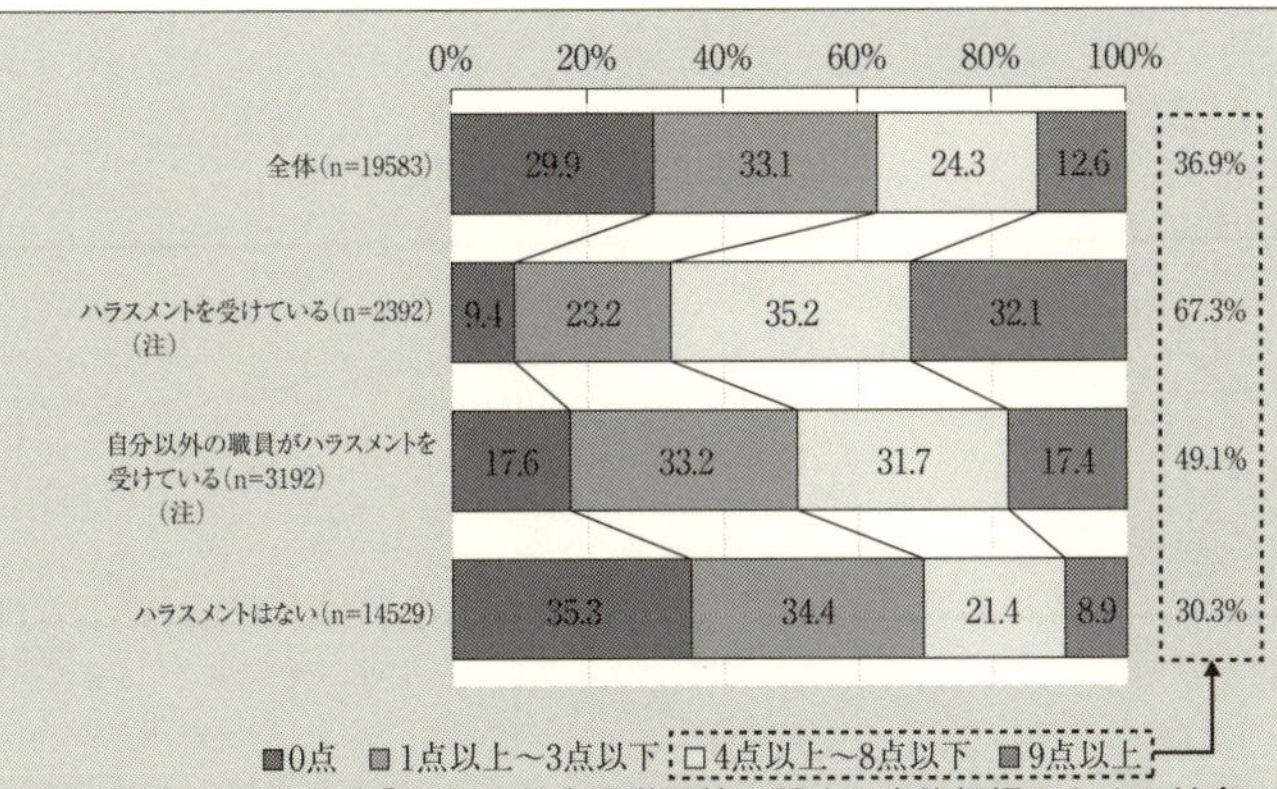

（資料出所）厚生労働省「平成27年度過労死等に関する実態把握のための社会面の調査研究事業」（委託事業）
（注）複数回答も含まれている。

（出所）『過労死白書』（平成 28 年版）。

健康で、休日には家族で外出するのが好きだったBさんは、新都心局に転勤後にはいつも疲れ、休日はぐったりし、うつ病を患って休職と復職を繰り返すようになる。局はそんなBさんに濡れ衣を着せて責め、その際「年賀状は何枚売ったんだ」とも叱責。一時、夜間勤務も命じた。うつ病から職場復帰したBさんへの配慮も乏しく、まるでいじめのような仕打ちをしたのだ。

　Bさんをさらに追い詰めたのが「お立ち台」である。社員たちが怨嗟を込めてそう呼ぶのは、交通事故を起こしたり年賀状の販売目標が未達の労働者を、朝礼の際、台に登らせて「私が悪うございました」などと謝らせるための〝台〟である。関東支社

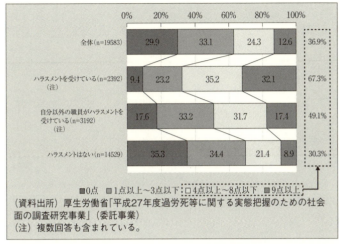

の大型局を中心に、少なくとも数十はあったとされる。

Bさんの遺族らが二〇一三年一二月に起こした裁判のなかで、被告の日本郵便は、「重大な事故が発生した場合には、それを発生させた社員自身が台上に上がり、事故の発生状況や原因などを説明したことがあった」と、「お立ち台」の懲罰的使用を事実上認めた。

Bさんも、「やばいな、オレ。明日お立ち台だよ」と家族に話したことがある。たとえ自分自身が台に上げられなくても、こうした見せしめは典型的パワハラであり、本人はもちろん、見ている同僚にも強いストレス要因になる。

新都心局とは別の件だが、福岡県内の男性郵便局員（当時四一）が不整脈で突然死したのは当時の郵便局長のパワハラが原因だとして、遺族が日本郵便を訴えた訴訟の判決で、二〇一六年一〇月二五日、福岡高裁（白石哲裁判長）は、局長が朝礼で別の局員を土下座させたことについて、職場環境を悪化させ、「その場にいたすべての職員」へのパワハラに当たると判断した。局員はうつ病で休職中に死亡。生前、局長から「いつ辞めてもらってもいいくらいだ」「あんたが出てきたらみなに迷惑」などと言われるパワハラを受けていた。新都心局などの「お立ち台」も、朝礼に参加する全従業員へのパワハラといえる。

遺族の勇気ある提訴と郵政ユニオンなどの支援（後述）を受け、筆者も『月刊宝島』

（二〇一四年九月号）で写真付きで「お立ち台」を告発したところ、同誌発売直後の定例記者会見（八月二七日）で、日本郵便の親会社・日本郵政の西室泰三社長（当時）が年賀状の「自爆」（ノルマや圧力のため、不要な自社商品などを従業員が自己負担で購入すること）について記者から質問された際、こう答えた。

「（販売目標を達成）できなかったらペナルティを科す、あるいは何か某記事によりますと……お立ち台に引きずり上げて、これで責めるというようなこと、そんなことはあってはいけないんです、職場で」

遺族の勇気が親会社社長の〝鶴の一声〟につながって、お立ち台は撤去された。だが、マイナンバーの配達で誤配が起きると、同社は、配達に当たった一般社員をテレビカメラの前に引っ張り出して謝罪させせようと画策。郵政ユニオンの抗議とメディアの取材で中止に追い込まれたが、パワハラ体質はなお根強い。

セクハラは直接禁止する法律（男女雇用機会均等法）があるが、パワハラにはまだない。過労死防止のためにも、実効性あるパワハラ対策が急務となっている。（厚労省「職場のいじめ・嫌がらせ問題に関する円卓会議」が二〇一二年にまとめた提言「職場のパワーハラスメントの予防・解決に向けた提言」のなかで、パワハラの定義や六つの類型が示され

ている）

過労死防止法ができて

二〇一四年六月二〇日、過労死防止法が成立し、政府は「過労死等の防止のための対策に関する大綱」をまとめ（二〇一五年七月に閣議決定）、国を挙げて過労死防止に取り組む構えができた。過労死防止月間も、その枠組みのなかで始まった。

東京過労死を考える家族の会代表の中原のり子さん（前出）は、「電通の高橋さんの件で、今世論は大きく動いています。過労死防止法の制定には、ワタミの森美菜さん（当時二六）の過労死が大きかった。でも、人が死なないと変わらない世の中はおかしい。企業体質はそう簡単には変わらないと痛感しています」と話す。

それでも、変化はある。中原さんたちはそれまで、「もっと労災認定して」「こういった企業の取り締まりを」と求め、厚労省と対立的になったこともある。だが、過労死防止月間のシンポで話すために各地を回るうちにわかってきた。厚労省で働く人たちも、過労死をなくそうと本気なんだ。

「すいません、今まで誤解してました。こういうところでご一緒できることがありがたいです」

中原さんたちが声をかけると、ある労働局幹部からこんな言葉が返ってきた。

「ありがとうございます。私たちも同じ方向を向いています」

企業社会の現実にむなしくなることもあるが、仕事が原因で追い詰められる死はなくさなければという信念は揺るがない。「そのためには、あらゆる手立てを尽くさなければ。子どもたちへのワークルール教育、三六協定も知らない経営者の人たちへの啓発、課題は山積しています。働き方改革会議に、労働者代表が一人（連合の神津里季生会長）しか入ってないのもおかしい。私たち消費者も、便利なサービスの裏側で誰かを追い詰めていないか、考えなければ」

反貧困の集会で日本郵便社員Bさんの妻を便政ユニオンから紹介され、過労死問題に詳しい尾林芳匡弁護士につないだのも中原さんだ。いわゆる残業代ゼロ法案など〝逆流〟もあるが、涙を怒りに変えた過労死ゼロをめざす努力は、労働行政や企業も巻き込みながら、確実に広がっている。

経団連会長の会見

経団連の榊原定征会長は二〇一六年一一月七日の定例記者会見で、会員企業である電通に厚労省の強制捜査が入ったことについて、「社員の過労死は絶対に起こしてはならない。経団連としても、今年を働き方・休み方改革に向けた集中取組み年に位置付け、取り組んでいる。その大きな柱は長時間労働の是正であり、経営トップが自らリーダーシップを発揮し、確実に実現を図っていくことに尽きる」と述べた。会長の姿勢を受け、経団連はトップが率先して過重労働防止の取り組みを徹底するよう、会員企業約一三〇〇社に文書で要請した。異例の対応だった。

ただ、先の会見で榊原会長は、「三六協定の見直しについては、労働者保護と事業継続性の二つの観点がある。例えば、建設業、運送業など、業種によっては繁忙期が存在しており、考慮が必要である。同時に、健康管理はじめ、従業員への配慮が不可欠である」と、一律の法規制には慎重なニュアンスをにじませた。

榊原会長の発言には理由があった。特別条項付き三六協定締結事業場は四〇・五%（二〇〇五年度の二七・七%から大幅増）にのぼるが、大企業は六二・三%、中小企業二六%

と、経団連会員企業も多い大企業の比率が高い。大企業だけみると、その九四％に三六協定が、過半の五九％に特別条項がある。特別条項のある大企業の一か月の残業の上限は、過労死ラインの八〇時間超が二五％、一〇〇時間超も七％もある（厚生労働省労働基準局「平成二五年度労働時間等総合実態調査結果」）。

日本を代表する大企業の多くが「過労死ライン」を超える三六協定（特別条項）を結んでいる現状をどう考えるかという志位和夫・共産党委員長の国会質問に、安倍首相は「実際はしょっちゅう残業しているわけではなく、念のために（長めの協定を）結んでおくと、そういうコンプライアンスをしっかりしているということです」と大企業を庇った（二〇一五年二月二三日衆議院予算委員会）。だが、三六協定の上限が長い企業は実際の残業時間も長くなる傾向にある。長時間労働を正していくには、長時間労働の実態を前提に「念のため長い三六協定を結ぶ」といった後ろ向きの認識を改めていく必要がある。

インターバル規制についても、経団連はまだ前向きとは言い難い。榊原会長の会見に先立つ一〇月二一日、超党派の国会議員でつくる過労死防止議員連盟（馳浩代表世話人）が、経団連と連合を呼んで双方から話を聞いた。「その際、連合はインターバル規制の導入を訴えたのですが、経団連は『導入企業はまだ四％もない』として慎重論だったのです」

（関係者）。七割、八割の企業が導入してから法律を作れば企業の実務負担は軽いし、それが望ましい制度もあるだろう。だが、労働時間の上限規制やインターバル規制には、大勢の人の命と健康がかかっている。待ったなしの課題ではないか。

一歩を踏み出す企業

そんななか、まだ少数ではあるものの、一歩前に踏み出そうとする企業もある。近年注目を集めるのはファミリーレストランのロイヤルホスト、マクドナルド、吉野家など外食産業での二四時間営業の中止や、イオンの営業時間短縮、三越伊勢丹ホールディングスの一月二日休業（従来はこの日が初売り）などの操業短縮の波である。

背景にあるのは深刻な人手不足だ。すき家では、深夜時間帯の店舗が一人勤務（ワンオペ）で休憩も取れず、強盗のターゲットに。さらに、「一回転」と称する二四時間勤務さえ横行した。人が足りないのに二四時間営業に固執したためだった（その後、是正）。

人手不足への対応という面は大きくありつつも、そのなかで「働き方（働かせ方）」を変えようとする意志」を表明する経営者も現れ始めた。ロイヤルホールディングスの黒須康宏社長は、朝日新聞の取材に応え、「競合店が増え、生活習慣が変化するなかで、深夜や朝の客も次第に減ってきている。客が来ないのに無理をして開けている必要はない。朝や深夜を短縮した分、一番客が来てくれるランチやディナーの時間帯に、従業員を手厚く配置することができる。そうすれば、充実したサービスを提供できるようになる」と経営環境の変化に対応する考えを表明。さらに、「従業員に幸せな人生を送ってもらうためにも、長時間労働ではなく、余暇が取れる環境を整えなくてはならない。そのために、営業時間の見直しに取り組んでいる」と、同社の「働き方改革」を説明した（朝日新聞二〇一六年一一月二九日付朝刊）。

動きだしたのは大手チェーンなど大企業ばかりではない。あまり報道されないため目立たないものの、中小企業でも取り組みが広がっている。二〇一六年の過労死防止月間に行なわれた過重労働解消のためのセミナー（厚労省委託事業）で紹介された仏壇仏具の製造販売などを手掛けるお佛壇のやまき（本社＝静岡市、従業員は男性一七人、女性一八人）もその一例だ。

同社は従業員が長時間労働になっていた反面、業績が伸び悩んでいたため「接客の見直し」に着手。改善策を検討するため、売上成績が良い社員の働き方を分析したところ、そうした社員は残業をせず有給休暇もきちんと取得。家族との時間を大切にしていたことが、大切な家族を思うお客様の気持ち、家族を失った気持ちに寄り添った仏壇仏具、墓石などの販売に活かされていたことがわかる。

そこで同社は、「家族と過ごす時間の最大化」と「会社にいる時間の最小化」をめざすワークライフバランスを経営戦略に掲げ、一八時閉店を徹底するとともに、一人が数種の業務を担える多能職化を推進。店長の査定にも、各店舗従業員の残業・年休消化率を取り入れた。その結果、定時帰りが当り前になり年休取得率も一〇〇%に。従業員満足度が向上して離職も減り、一五年度の業績は〇八年と比べ四〇%も向上したという（セミナーでの講義内容と配布されたテキスト「残業時間を減らして業績をアップさせてみませんか」による）。

同セミナーで紹介されたウェブマーケティング・コンサルティングの会社Faber Company（本社・港区、従業員七五人）は、受託開発型業務を中心としたビジネスモデルを自社プロダクトモデルに転換。政府の働き方改革会議で報告された金属製品製造業オーザック（本社・広島県福山市、従業員四〇人）のケースでは「親会社の要求を満たすためには、納期、単価が自社で決められず、社員に負担がかかる」という理由で「完全下請け部門」を廃止したことが注目される。

第4章でみたように、残業が発生し長時間労働を余儀なくされる原因は、業務量、人員不足など、多くが「業務のあり方」に関わっている。「顧客からの要求」への対応も含め、そこに手をつけていくことが、働き方改革のカギの一つだろう。逆にいえば、「顧客が求めているから」を口実に従業員にどこまでも長時間過重労働をさせるのは適切な経営ではないことになる。

「不夜城」の苦悩

働き方改革の波に乗れるのか、取り残されてますます人手不足に苦しむのかの分かれ道に立っているのが、二四時間営業を頑なに貫くコンビニ業界である。

長野自動車道松本インターチェンジから東に一キロ強。その昔、製紙工場で働く女工も歩いた野麦街道（国道一五八号線）沿いにあるファミリーマート松本インター店で、二〇一五年一二月二三日、従業員Sさん（当時三九）と彼が加入する長野一般労働組合が三時間のストライキを行なった。コンビニでは異例のストは地元紙に報じられネットでも拡散。話題を呼んだ。

長野一般労組の荒井宏行委員長はこう話す。

「今回のストの最大の要求は一人勤務、ワンオペの是正です。最長で一日一一時間に及ぶワンオペのために、従業員は休憩やトイレもままならない。会社は昨年末から団交にも応じなくなったので、ストをしました」

会社、といってもファミリーマート本部のことではない。Sさんの雇い主は、本部とフランチャイズ契約を結んで松本インター店を運営する加盟店の株式会社YUUKI。長野県内でかっぽうなどを経営する零細企業だ。私たちが使うコンビニの多くは、本部が直営するのではなくYUUKIのような零細企業や、オーナーさんと呼ばれる個人が夫婦などで運営している。ところが、本部が加盟店から吸い上げるロイヤリティ（チャージ、フィーともいう）が高いことなどから、本部は巨大な利益を上げていても加盟店（オーナーさん）は青息吐息のところがめずらしくない。

二〇一六年一一月一七日、NHKは看板番組「クローズアップ現代+」で「『好調』コンビニに〝異変〟あり」を放送した。

イントロダクションが衝撃的だった。「一年間一日も休まず働き、週に三日は徹夜勤務。なのに年収は二九〇万円。これ、ある人のケースですが、どんな職業か分かりますか？答えは、コンビニ店のオーナー」。ある人、というのは、筆者も取材でお世話になっているファミマ店オーナーでファミリーマート加盟店ユニオン委員長でもある酒井孝典さんだ。オーナーになって一三年になるが、売上から仕入原価を引いた営業総利益（粗利）は年約三八二三万円。そこから本部にロイヤリティを約一八六三万円払い、そのほか従業員の賃金約九八八万円、光熱費・廃棄などで約六八四万円かかるため、酒井さんの年収は約二八八万円しか残らない。しかもその年収自体、アルバイトのシフトをなるべく減らし、自身が週三日夜勤、休日なしで働いた末になんとか手にした、身を削った代価なのである。

幸い健康を崩してはないものの、酒井さんは「経営者」で労基法は適用されないから、どんな長時間過重労働も違法にはならない。「経営者」といっても裁量は乏しく、契約が更新されるかどうかも不透明だ。本部が独り勝ちしてオーナーを苦しめ、その下で働くSさんのような従業員にもしわ寄せされる。荒井委員長（前出）も「コンビニ・フランチャイズのしくみに問題がある。二四時間営業も見直すべきではないか」と話す。

こうした現状を改善しようと、酒井さんたちはコンビニ店主のユニオンを作った。本部は契約書の文面を盾に団交を拒んできたが、二〇一四年には岡山県労働委員会がセブンイレブン・ジャパンに、二〇一五年には東京都労働委員会がファミリーマートに団交応諾を命じ、対話の扉が開かれるかもしれない（本部側の不服申し立てで、ともに中央労働委員会係争中）。

酒井さんたちコンビニオーナーのユニオンに団体交渉権が認められたら、どんな影響があるか。前述したNHKの番組で、ゲスト出演した愛知大学法学部の木村義和准教授は「本部とオーナーとの力関係に劇的な変化をもたらすと思います」と評価。「二四時間営業の店がなくなるといったような、消費者にとってのデメリットはあると思われますが、現在は加盟店の犠牲の上で、お店が成り立っているといったような面も私自身はあると考えております。そういったことがなくなっていくと思います」と続けた。酒井さんも筆者の取材に、「まずは声を上げ本部と対等に交渉できるようになりたい。加盟店の意見が反映すれば、生活インフラであるコンビニの発展にとってもいいと思うんです」と話す。

ロイヤルホストが「競合店が増え、生活習慣が変化するなかで、深夜や朝の客も次第に減ってきている。客が来ないのに無理をして開けている必要はない」と考えて二四時間営業をやめたのに、なぜコンビニはそれができないのか。立地にも左右されるが、深夜時間帯は多くの店で赤字だ。ロイヤルホストは直営なのでその赤字は本社が被るが、コンビニの多くはフランチャイズであるため赤字は酒井さんらオーナー、加盟店が被る。本部は赤字の時間帯からも、粗利が出る限りロイヤルティを吸い上げていく。

「近くて便利」を求める欲求には限りがない。だが、それを担うのは生身の人間だ。その生活はギリギリまできている。

労働組合の役割

過労死防止法の制定に至る世論のうねりは「ワタミの過労死が大きかった」と中原のり子さん（前出）は言う。

入社してわずか二か月後の二〇〇八年六月一二日、森美菜さん（当時二六）は過労死に追い込まれた。彼女の死を国が労災と認定したのを受け、遺族はワタミ側と話し合うが、出てくるのはいつも弁護士だけ。責任も謝罪もそっちのけ。働き方の実態もろくに説明しないまま損害賠償金の計算を急ぐ会社に納得できなかった遺族は、二〇一二年九月、全国一般東京東部労組に加入。組合とともに経営者との直接交渉を求めたが、ワタミは拒絶。過労死に向き合わぬまま、当時の社長、渡辺三樹氏は自民党公認で参議院選挙に出馬した。

二〇一三年六月、遺族と東部労組は、渡辺氏を公認した自民党に抗議に赴くが、自民党側は門前払いしようとする。美菜さんの父、豪さんが鬼気迫る表情で自民党職員に迫り、「毎日毎日泣いてるんだよ、俺たちは」「なんでワタミを候補にするんだよ」と叫んだ姿は、報道やネットで全国に拡散し、長時間労働に苦しむ多くの人たちの胸を揺さぶった。人々の怒りに包囲されて、居酒屋チェーンは成り立たない。二〇一五年一二月八日、ワタミ過労死裁判は和解した。会社と渡辺氏の謝罪と賠償とともに、三六協定の順守、労働時間の正確な把握、労基署から勧告があった場合の周知など再発防止策も明記された。

前述したさいたま新都心局過労自死事件では、郵政ユニオンが力を発揮した。郵政職場ではJP労組が多数派で、BさんもJP労組の組合員だった。郵政ユニオンは少数だが、権利の守り手として凛とした存在感がある。同ユニオンが中心になって立ち上げた「さいたま新都心郵便局過労自死事件の責任を追及する会」は、雨の日も風の日も、一一回にわたって新都心局に出勤するBさんの元同僚たちに「会」のニュースを配布した。元同僚たちから一つ、また一つと貴重な情報が寄せられ、ついには裁判で証人に立つ人まで現れた。全国の郵便局からも、無理なノルマやパワハラの実態を裏付ける情報が集まり、裁判で会社の責任を立証する力になった。

こうした組合の力は、過労死が起きた後だけでなく、防ぐことにこそ発揮されるべきだろう。郵政ユニオンの中村知明書記長は、「この和解を活かし、パワハラが横行する不条理な職場実態を変えたいし、長時間労働もなくしていきたい」と意気込む。

長時間労働是正のカギの一つであるインターバル規制では、情報産業労働組合連合会（情報労連）のとりくみが先進的だ。情報労連では二〇〇九年春闘からインターバル規制導入へ労使の論議を促進する方針を掲げ、通信建設業を中心に一三交渉単位で労使協定を締結。翌年はさらに広げるが、二〇一一年以降、労使の見解の相違でこう着。ガイドラインを策定するなど、その打開を図ってきた。先行事例はＫＤＤＩだ。国際電信電話（旧ＫＤＤ）の時代から、交代勤務の社員には勤務終了から次の勤務まで七時間開けるというしくみがあった。

ＫＤＤＩ労組は、加盟する情報労連と連動し、インターバル規制導入を方針化。二〇一五年七月から組合員の就業規則に八時間の勤務間インターバルを義務付け、管理職（非組合員）を含む全社員の安全管理規定に一一時間の勤務間インターバルを設定した。情報労連の柴田謙司書記長は、連合本部で開かれた記者勉強会で、「『労働者の健康確保』は『安全なくして労働なし』を運動の原則とする労働組合にとって、最優先かつ喫緊の課題。長時間労働そのものが安全衛生上のリスクであり、それを防止することが我々の役割だと考える」と語った（「連合ダイジェスト」二〇一六年一二月六日）。情報労連の取り組みも参考にしつつ、インターバル規制が広がってほしい。

もう一つの課題が、三六協定の上限時間の短縮とその遵守だ。労働行政に携わる人たちの組合、全労働（厚生労働省、労働局、ハローワーク、労基署で働く人たちの労働組合）の森﨑巌委員長は、「よく三六協定には上限がないと言いますが、実はある。過半数組合が『これ以上は認めない』と決めた時間が上限なんです。それが一時間でも二時間でも」と話す。

たとえば、携帯端末などのソフト開発、システム構築を手がけるＩＴ企業アイ・エス・ビーでは、職場の組合ＪＭＩＴＵ（日本金属製造情報通信労働組合）アイ・エス・ビー支部が労使交渉を重ね、月一二五時間だった残業時間の上限を八〇時間に短縮した。

すでに厚労省は、「時間外労働の限度に関する基準」（平成二一年五月二九日厚労省告示三一六号）で、「週一五時間、月四五時間、年三六〇時間」を一般労働者の労働時間の上限としている。法的拘束力はなく、三六協定の特別条項を定めれば超えることができ、適用除外の業種もあるが、労働組合が関与して結ばれる三六協定は少なくともこの基準の範囲内にあるべきではないか。過半数労働組合が三六協定締結の一方の主体であるということは、会社のいいなりに長時間過重労働を許す協定を交わせば、過労死の責任の一端を負うということでもある。「『労働者の健康確保』は『安全なくして労働なし』を運動の原則とする労働組合にとって、最優先かつ喫緊の課題」なのだから、インターバル規制とともに労働時間の上限設定とその遵守についても、労働組合の積極的関与が期待される。

過労死を防ぐには、「笑って仕事ができること、早く帰っていいんだという職場風土、そして変だなと感じた時異議申し立てができることが重要です」と立教大の砂川教授（前出）は言う。そのすべてに関われるのが労働組合ではないか。中原のり子さんに労働組合に言いたいことを聞いたら、こんな答えが返ってきた。

「もっと強くなって欲しい。一人では声を上げられなくても、組合があれば、みんなで手をつなげば声が上げられる。私たちには、救える命があるのですから」

それは組合の課題でもあり、一人ひとりの課題でもあり、労使の課題でもあるだろう。救える命を救うために。なすべきこと、できることは、私やあなたの目の前にある。

インタビュー①

佐々木司

（大原記念労働科学研究所上席主任研究員）

ささき・つかさ　千葉大学大学院自然科学研究科修了・理学博士。カロリンスカ研究所客員研究員などを経て現職。専門は睡眠衛生学。著書に『看護師の交代勤務』ほか。

――電通過労自死事件に関連し、過労死、労働と健康の問題に詳しい佐々木先生にお話をうかがいたいと思いますが、まずご専門について少し教えてもらえますか。

佐々木　睡眠衛生学です。睡眠衛生というと、寝つきや寝具のことと思われがちですが、産業衛生学、産業保健の分野の研究です。もともとは労働者の疲労の研究者です。これまでの疲労研究は、疲労がどう発症し進展していくかの研究だったんですが、今後はどう回復するかにスポットを当てなければということで、疲労の一番の回復過程である睡眠の研究に入りました。「労働者の疲労と睡眠」の研究を睡眠衛生学と名付けたのです。

二〇〇四年からはずっと過労死の研究をしていますが、なぜ過労死する人と過労自死する人とに分かれるのか。過労自死の研究はまだしていないんですが、睡眠衛生学から推測すると、過労死と過労自死のメカニズムはあまり変わらないいんじゃないか。

――それはどういうことでしょうか。

佐々木　疲労の一番の回復過程は睡眠なんです。睡眠っていうのは、よく言われているように質の違う睡眠二つから成っている。一つは徐波睡眠という深い眠り、爆睡の睡眠です。もう一つは、目玉がキョロキョロ動くレム睡眠（浅い眠り）です。私は、過労死も過労自死も、このレム睡眠が関わっていると考えています。過労によって、レム睡眠が間違って機能する。

食べ物が豊富でなかった時代に人が生き延びるための機能が飽食の時代に糖尿病を招くように、異常な働き方をするとレム睡眠のメカニズムに変調をきたします。

人間の生体機能は、ホメオスタシス（恒常性）とリズムという二つの要因からなっています。恒常性というのはバネと同じで、延びたものは必ず元に戻る。それと、負荷はかからなくても一定のリズムはあって、延びる時と延びない時がある。普通の、正常な生活をしている場合には、それが同期、同調しています。

起きている時間が長くなるとホメオスタシスの規模が大きくなりますから、より大きく振れ、そうするとリズムも変化してくる。大きくなったり、小さくなったり。そういう現象をアロスタシス（動的適応能――変化することで体内環境の安定性＝ホメオスタシス＝を維持すること）というんです。ホメオスタシスには一定のいき値があってそのなかで変化しますが、いき値を超えると動きが出てくる。動きながら適応するアロスタシスが崩れた状態が、過労死や過労自死をひきおこすと私は考えています。鍵を握っているのがレム睡眠です。

徐波睡眠が寝せる睡眠だとすれば、レム睡眠は起こす睡眠なんですよ。どういうことかというと、レム睡眠時に自律神経系の交感神経が賦活する。血圧や心拍数が高くなるんです。徐波睡眠は疲労の回復に関係していて、起きてる時間が長くなると疲労が蓄積し、徐波睡眠がたくさん出る。そうすると他の睡眠が犠牲を被る。とくにレム睡眠は弱い睡眠なので、少なくなってしまう。それが何日か続くと、レム睡眠の「圧」が徐波睡眠によって押さえつけられるので、反動でレム睡眠圧が高くなっちゃう。もともとレム睡眠時は自律神経系の交感神経が高いわけですから、圧力がかかって反発力がより高くなる。だから血管に脆弱性がある人は、血圧が高くなって血管が破れて亡くなってしまう。それが私の仮説です。

私が一九九七年に行った実験にもとづいてお話し、この実験では、健康な男子学生に、毎日五時間という短時間睡眠を一二日間続けてもらいました。すると、レム睡眠中の一分間の心拍数が、一日目は約五八拍だったのに三日目には約六八拍にまで増えました。これは、寝ていても休まらず体に負荷がかかっていることを意味しています。被験者が一人なので信じられないという人もいて、他に類似の実験がないかなと思っていたら一九九四年に厚生労働省の『厚生労働科学』に載った研究に、「突然死した人が、いつ亡くなったか」というものがあるんです。

東京都監察医務院におられた徳留省悟先生が報告してるんですが、先生は法医学の先生ですから剖検（解剖）する。その時の膨大なデータによると、第五位が排便中。力むからでしょうが、第一位が睡眠中です。睡眠は疲労の回復過程ですが、疲労を回復しないで睡眠中亡くなる。睡眠中に亡くなるのは、自律神経系の交感神経の問題を表しているんじゃないか。それが私の実験研究の傍証になるんじゃないかと、今まで主張してきたんです。

過労死は睡眠中だけじゃない。なぜ日中に起こるのか。

レム睡眠というのは九〇分サイクルで睡眠中出てくるんですけども、実は覚醒中にも九〇分サイクルのリズムがあると言われています。それをベーシック・レスト・アクティビティ・サイクルといって、頭文字をとってBRACといいます。ブラック企業のブラックじゃなくて。それが覚醒中にも九〇分サイクルで出てきて、覚醒中の過労死に関わるんじゃないか。そんなことを先日の過労死シンポジウム（厚労省主催）で話したんです。

レム睡眠というのはストレスの解消過程なんです。おおざっぱにいうと。徐波睡眠が疲労の回復過程で、レム睡眠がストレスの解消過程。それが一晩の睡眠にバランス良く出ているのが適切な睡眠です。睡眠構築バランスといってるんですが、それはだいたい七〜八時間になる。徐波睡眠は一晩に一五〜二〇%出ていて、レム睡眠は二〇〜二五%出ているのが普通で、それを保障するためには睡眠は七、八時間取らないといけない。

――こうした研究は、過労死の認定や予防に活かされるんでしょうか。

佐々木　活かされていくべきだと思います。ただ、睡眠構築バランスが正しいとしても、それをどう見える化するかという課題があります。

実は過労死というのは科学的には成立しない概念です。疲労の科学からいえば、疲労の次にくるのは過労なんですけど、過労の次にくるのは疲弊で、その次は疾病だから、過労は死には直接には結びつかない。一九七六年に上畑鉄之丞さんが、「脳血管疾患など循環器疾患の労災認定問題に関連して使用されるようになった社会医学用語で、発症の誘因に過重な労働負担や職業ストレスが関連していることを示した概念」として「過労死」という概念を提唱した時に、疲労の科学者からはいろんな反発もあった。でも今や日常一般概念になっていますが。

厚労省は月平均八〇時間を超える時間外労働を、いわゆる「過労死ライン」としています。脳・心臓疾患の認定基準が二〇〇一年に改定され、「発症前一ヵ月間におおむね一〇〇時間、又は発症前二か月間ないし六か月間にわたって、一か月当たりおおむね八〇時間を超える時間外労働が認められる場合は、業務と発症との関連性が強いと評価できる」とされたのですが、その改定に関わった和田攻・東京大学名誉教授らの報告書をみると、総務省（現・内閣府）やNHKの生活時間調査をもとに、睡眠時間から推計している。五時間睡眠が取れなかったら脳・心臓疾患の罹患率が疫学的に高いという研究結果があって、そこから「睡眠が五時間取れないのは、どれくらいの残業時間なのか」を逆算すると、月に八〇時間～一〇〇時間が目安になる。

睡眠時間だけでなく、睡眠の質が問題だということもわかってきました。過労死、過労自死の鍵となっているのは、やはりレム睡眠じゃないか。血管というのはもともと一酸化窒素とかが出ていて、活き活きと柔軟に保たれている。ところが睡眠時間が短いと、一酸化窒素などの血管拡張物質の生成が遅れてプラーク（動脈硬化巣に存在する内膜の斑状肥厚性病変）ができることがある。二〇一四年にクーパーという学者が、睡眠構築を調べると、「レム睡眠が多い方が、血管がしなやか」という結果だった。これは、レム睡眠が少ないと過労死につながるという私の説とも合致しています。

ただ、レム睡眠にも適正な範囲があるんじゃないか。とくに過労自死についていえば、レム睡眠というのは夢を見てストレスを解消するんですけれども、現実の現象と夢の現象が分けられないところに過労自死のドライブがかかるんじゃないかと最近思い始めているんです。

――長時間労働にパワハラやセクハラが加わると、ストレスが重くなるといいますが。

佐々木　疲労を過労に、過労を疲弊に、疲弊を疾病にするのがストレスなんですよ。ですからストレスをなくせば過労にならない。で、ストレスの解消がレム睡眠なんです。

私は電通事件には詳しくありませんが、何がまずかったかというと「仕事」だったことです。仕事って怖い言葉で、何でも許されちゃう。だから、仕事（vocation）と労働（work）を分けなきゃいけない。新入社員に仕事を求めちゃいけない。労働は法律概念でワークルールに守られている。仕事はそうじゃなくて天職、いわば神の領域に近づくものです。天職なら過労死なんかしません。でも企業で働く人は労働をしているので、ワークルールに守られなければいけない。労働基準法も労働安全衛生法も作業手順書もある。それを教えられないで働いているのが問題なんです。だから最近、労働者認識を持つことが重要だと言ってるんです。

電通の鬼十則は「仕事は放すな」でしょ。でも、過労自死された高橋さんたちがやっていたのは仕事じゃない。労働なんです。だから、今日終わらなくても、ワークルールに従って区切りを付け、いったん放さなきゃ。

――睡眠衛生学の研究を踏まえた過労死の予防策は。

佐々木　人間は回復力を持っている。それを利用すべきです。たとえば水曜日をノー残業デーにしても、意味がわからないまま形骸化している企業がある。なぜノー残業デーがいいのか。睡眠不足でも、一週間のリズムを考えると二日は我慢できる。だから月曜と火曜に長時間残業しても、水曜に普通の睡眠が取れればリズムは戻る。木曜、金曜に残業があっても、土日で戻る。そういう「ノー残業デーの科学的意味」がわかっていることが重要なんです。

――政府の「働き方改革」では総労働時間の規制とインターバル規制も遡上にのぼっていますが。

佐々木　インターバル規制は、今出ている「一一時間」では短いと思います。適切な睡眠をとるには一六時間のインターバルが欲しい。人はすぐ寝られるわけじゃない。それと「時間」だけで決めていて「時刻」の概念がないのも問題です。人間って時刻的存在なんですよ。時間があっても、眠れる時刻帯と眠れない時刻帯がある。眠れないのは朝の一〇時と夜の七時なんです。眠れるのは夜間と、昼の二時から四時。そういうリズムがある。とくに、勤務にがんじがらめで余裕がないと、「寝よう」と思っても眠れない。

この時刻がレム睡眠の特徴と同じで、徐波睡眠は覚醒時間の関数で増える、つまり起きてる時間が長いとたくさん出てくる。起きていると疲労が蓄積するんで、疲労の回復過程も長くなる。レム睡眠は時刻依存性という特徴があって、出る時刻が決まっている。夜間から朝方しか出てこない。昼間は出ない。だから時刻こそが重要で、時刻概念のないインターバル規制は限界がある。同じ一一時間でも時刻によっては睡眠が取れないことがある。

他方、何がインターバル規制でいいのかというと、寝つきが良くなる。なぜ寝つきが良くなるか。ぎりぎりまで働くと緊張してるじゃないですか。そうすると、すぐ寝なさいと言われても寝られないし、数時間後にまた起きて出勤となると安心できない。だけど一一時間のインターバル規制ができれば、一一時間後に会社に行けばいいから安心して、クールダウンして眠れる。睡眠にとって一番大切なのは寝つきで、寝つきが良ければ八〇％いい睡眠になる。時刻概念が入ってないのは問題ですが。

――過労を防ぐにはどうすれば。

佐々木　先ほども言ったように「労働者認識」を持つということですよ。先日、仙台に行った時、過労死問題で有名な広瀬俊雄先生に会って、前に本を書かれましたよね、「過労死させない本」でしたか、と言ったら、「しない、させない本」だと叱られました（『あなたと家族のための過労死しない、させない本』、一九九二年、農山漁村文化協会）。「しない」ってところが労働者認識なんですよ。自己防衛しなきゃ。だから働き始める前の、中学校や高校生にワークルールをしっかり教え労働者認識を持たせてほしいと思います。

インタビュー②

尾林芳匡

（東京過労死弁護団幹事長）

おばやし・よしまさ　東京大学法学部卒、一九九〇年から弁護士。遺族側代理人として過労死の労災申請、訴訟を多数手がける。共著に『Q&A自治体アウトソーシング』ほか。

――電通で起きた高橋まつりさんの過労自死のニュースをどう聞きましたか。

尾林　強い衝撃を受けました。

ご承知のように電通は、一九九一年に過労自殺が起き、有名な裁判例の舞台となった職場です（遺族が電通を訴えた事件の最高裁判決は二〇〇〇年三月二四日）。過労自殺について判断指針（現・認定基準）を設けるきっかけにもなりました。私自身駆け出しの時代から、電通過労死裁判を高裁まで担当していた藤本正弁護士（裁判中に急逝）や、最高裁で引き継いだ川人博弁護士などの報告を聞いたりしてましたので、「あの電通でまた」という点でも衝撃でした。

――社員が亡くなったり労基署の指導を複数回受けていても、働き方・働かさせ方がなかなか変われないというケースはよくありますか？

尾林　あるでしょう。私自身が関わったケースでも、あるファミリーレストランは、一九九七年頃に社員が過労によるくも膜下出血で植物状態になるという労災事案が認定されて大きく報道されましたが、それから十数年を経て、また発生しました。二〇〇七年頃、別のスーパーマーケットでも過労自殺を労災と認める判決があり、最近また発生したと聞きました。

私自身が扱った若い方のケースだと、経験年数だとか、人間関係を捌くいろいろな習熟度に比べて、任せられる仕事の責任が重すぎるという傾向があります。電通の高橋さんもネット広告を担当していましたが、IT、システムの仕事は、年長の役員、管理職に技術が乏しく、仕事のイメージと納期と価格だけ上で決めてきて、実際の作業は二〇代、三〇代に回し、上司が配慮しきれずに過重な責任を負わされます。

若い人たちはIT技術には通じていても、システムを構築するような仕事ではプロジェクトが立ち上がり、さまざまな外注先や下請の人と一緒に進めていきます。背景には、正規労働者が減らされていることもあります。アウトソーシングの逆のインソーシングといいますか、職場に同種の仕事をする二、三人のチームを作って助け合い、かわるがわる休めるようにしながら進めるようにしないと、「その件がわかる社員は一人」という状態では、若者が重圧でつぶされることは防げないでしょう。

——どうして過労死が繰り返されるのでしょう。

尾林　法律と行政と企業、それに労働組合、それぞれに原因があります。

法律の問題は、もちろん時間外労働の上限規制がないことです。長時間労働を認める三六協定が結べますし、インターバル規制もありません。実効性のある法律になっていません。

行政の問題は、行政改革のあおりで、企業に検査に入ったり監督・指導してその結果をフォローしたりするには、あまりにも労働基準監督官が不足しています。監督が行き届かないために、法律が絵に描いた餅になっています。

企業では利益追求が最優先で、商機を逃すなと深夜になっても仕事をさせる傾向があります。十分な人手をあてず、一部の人の長時間労働が野放しになっています。

私が最近強調しているのは、管理者が部下の長時間労働に向き合わないようになっていることです。自主申告の形で、少なめの労働時間を申告させて事足れりとしたりします。今はコンピュータを使う仕事が多いので、電子メールの送信時刻や文書ファイルの最終更新日時などで相当程度長時間労働の裏付けは得られます。あるいはカードリーダーを通したとか、そういう形で正確な労働時間が記録される技術も普及しています。にもかかわらず、そういうデータに向かい合わないのです。

もう一つは、労働組合の規制力の乏しさです。そもそも労働組合が存在しない職場も多数ありますし、組合があったとしても、三六協定の締結や裁量労働制の協定にあたって、組合員、労働者を守るための規制力を発揮しない、いわゆる御用組合も少なくありません。

五つ目に、労働者の意識の問題もあります。過度に競争的な教育環境で育ってきており、自分だけ残業代を請求するとか、自分だけ定時で帰るようなことをすれば、能力を疑われたり、献身的でないと見なされるとか、そういう意識に労働者自身が縛られています。個人の能力の問題ではなく、職場環境を良くするために、横の同僚と連携して無理な働き方をやめるために声を上げなければならないのですが、労働者自身が、企業の空気、文化のなかで権利侵害を受容してしまうこともしばしばあります。

長時間労働を評価する会社も、まだまだあります。バスは運転手の過労による事故も起きていて長時間労働については比較的問題にされることが多いのですが、それでも、一か月に八〇時間の時間外労働をすると、これは成績評価がAになる、という評価基準をとっているケースもあります。過労死ラインですけど。

責任感をもって一所懸命働くのは、健康を害さない限りでならいいのですが、それを超えて働いてしまうことは防がなければなりません。電通もそうですが、メディア・マスコミ関係でいえば、いい番組をつくりたい、よい仕事をしたいという誇りや責任感、これは医療や教育に従事する人たちも似ていますが、仕事を完成させることを優先させ労働時間を顧みない傾向がありますね。

——日本の労働組合の多くがこの問題に十分には取り組めていないなか、先生も代理人をされたさいたま新都心郵便局の過労自死事件では、郵政ユニオンという労働組合が力を入れて支援しましたね。

尾林　亡くなった日本郵便社員が所属していた大きな組合はまだ組織としてはとりくんでいませんでしたが、郵政ユニオンは一所懸命で、それもあって裁判は和解に漕ぎつけました。

——電通の事件と違って異常な長時間労働というわけでは……。

尾林　ありませんでした。むしろ郵政が、国の事業から公社になり株式会社になる過程で、利益追求の厳しさが職場で増すなかで、年賀状販売のノルマが強まって自爆営業（年賀状など自社商品を会社が社員に自腹で買わせること）が広がっていきました。交通事故や誤配（配達の間違い）があると、朝礼の際に「お立ち台」と呼ばれる台に昇らされて三〇〇人の職員を前に詫びをさせられ、管理職が罵声を浴びせます。「人前での責任追及」はパワハラの典型ですが、そういうものがさいたま新都心郵便局にははびこっていたため、同局に配置転換されてからうつになってしまったというケースでした。何度も、他の郵便局への転勤を願い出ていたのに一顧だにされず、休職と復職を繰り返してついに自死されたという経過です。

――パワハラによる心身の負荷は深刻ですね。

尾林　そうです。今の精神障害や自殺の労災認定基準は、心理的負荷の強い出来事があった時に労災と認めるというものです。災害発生とか事故を起こしたとか会社に巨額の損害を与えたといった一発花火的な大きな出来事は「負荷が大きい」とされているのですが、日常の圧力や言動でのパワハラについては相当長期間継続し、明確な証拠がなければ認められにくくなっています。長時間労働のケースが「一〇〇時間が二か月続く」など比較的わかりやすい目安で労災補償が出るようになったのと比べ、パワハラ系のメンタル疾患や自殺というのは比較的労災認定が困難で、まだまだ救済は遅れています。新都心局のケースも、労災認定はこれからです。

――安倍政権の「働き方改革」でも、長時間労働の規制が検討されています。

尾林　上限規制やインターバル規制が出てきたことは前向きな変化だと思いながら見守っています。ただ、過労死ラインである月八〇時間あたりを上限にしたのでは過労死を防ぐ効果は乏しいと思います。また、労働時間短縮を真剣に考えるのなら、いわゆる残業代ゼロ法案（高度プロフェッショナル制、裁量制拡大など）は撤回すべきではないでしょうか。

残業代ゼロ法案について政府は、「時間ではなく成果で評価」などと言っていますが、成果主義はかえって長時間労働を助長しています。残業代ゼロ法案が通れば、成果があがるまで長時間労働させられるだけになるでしょう。成果が出ようが出まいが、一線を越えた長時間労働は健康を害するので規制すべきです。

それに加え、副業の解禁や、労働者としての保護を受けない自営業者型の働き方を奨励し広げようとするのも問題です。「一つの会社で働けば生計が維持できる」というこれまでの働き方が壊されて、あちこちで働くことで、健康管理、時間管理も自己責任にされかねません。過労死防止に逆行します。人を長く、安く働かせたいという企業はなくならないでしょうが、すべての企業が一致するまで待つのではなく、政治の責任として規制を前に進めるべきです。

四野党（民進、共産、社民、自由）が共同提案した長時間労働規制法案もありますので、与党としてもそれとの競争もあって何がしか立法はなされるでしょうが、経済界からは規制に消極的な意見もあり、どこに落ち着くかはこれからの世論にかかっているでしょう。

――さまざまな課題がありながらも、過労死防止法もでき、国を挙げて過労死防止に取り組む枠組みができました。

尾林　二七年間過労死問題に取り組んできましたが、隔世の感があります。厚生労働省主催で過労死防止のシンポジウムが開かれ、そこで私のような労働者側、過労死遺族の救済だけを扱ってきた弁護士が企業の方々の前で話すというのは、無駄に時は流れていないんだろうとは思います。

ただ反面、裁判例を獲得し認定基準を改めさせてくるプロセスでは、その時々の認定基準にあてはまらないケースでたたかった遺族がいたし、その訴えに向かい合ってきた支援者や弁護士がいたわけです。そういう、今の認定基準の足りないところ、国の施策で手が届かないところを突破していくとりくみも、引きつづき強めなければなりません。

認定基準も裁判例もその時点の到達点です。その時の基準では救済されない訴えのなかにも、救済を広げていくべき案件があるのではないでしょうか。そこに光を当てていく気持ちだけは、いつも忘れないでいたいと思っています。各方面の過労死防止のとりくみも大切にしながら、過労死弁護団の役割も、まだまだ大きいと思います。

エピローグ　電通は変われるか

二〇一六年の暮れも押し詰まった一二月二八日、電通事件は新たな局面を迎えた。厚労省東京労働局が、法人としての電通と、過労自死した高橋まつりさんの上司だった幹部を、社員に違法な長時間労働をさせた労働基準法違反の疑いで東京地検に書類送検した。

電通を書類送検した東京労働局では、樋口雄一監督課長が記者会見。一部の容疑に絞って先行して立件したことについて、「今回は高橋まつりさんのことが大きかった。過重労働で自死された重大性に鑑みた」と述べた。

書類送検を受け、電通は同日夜、緊急の記者会見を開催。堅い表情で現れた石井直社長は、冒頭、高橋さんの過労自死について「新入社員の過重労働を阻止できなかったことは慚愧に堪えません。このような事態を招いてしまったことについて、経営を預かる者として、重く厳粛に受け止めています」と頭を下げた。さらに「当社は経営における優先順位を見直して、社員の一人ひとりが心身ともに健康に働くことのできる環境、そして多様な価値観に応じた多様な働き方を通じて自己の成長を実現できる環境こそが、当社の持続的な成長実現にとってもっとも重要であると強く認識している。そのような労働環境を実現することが、当社が社会に対して果たすべき役割の一つであると認識し……大きな反省とともに不退転の決意をもって改革を進めていきたい」とし、責任を取って二〇一七年一月の取締役会で社長を辞任すると表明した。辞意は「この数日間」で固めた。

中本副社長は、記者からの質問に「三六協定を違反して仕事した人にも対価をきちっと払ってきました」と残業代未払いがない旨主張したが、残業時間の過少申告については「結果として強いてしまったことは否めない」。高橋さんの残業時間が労基署の認定と違うことを衝かれると、「『私事在館』（社内にいたが業務外という届け）のなかで、仕事とみなされた分については払わなければならない」と未払いの存在を一部認めた。

長時間過重労働に関わる業務量と人員をどうするかという質問には、「業務量は減らすというよりコントロールしていく。健康を害するような長時間労働はなくして取引できるようにお客様にお願いし始めています。人員増については、すでに手を打っています」と石井社長は答えたが、業務量削減を否定したことで不透明感が残った。過重な業務量と過重な労働はパラレルであり、前者を変えずに後者だけ是正するのは難しいからだ。

「プロフェッショナリズム、一二〇％の成果を求める、仕事を断らない、という矜持が

（電通には）あった。そのすべてが過剰であった。過ぎていた。そのことに対しては止めがかけられなかったところに経営の責任がある」と石井社長は語ったが、ここは重要だろう。

会見では、一二月二三日のブラック企業大賞の大賞受賞についても質問が出た。これは労働問題にとりくむ弁護士、NPO、ジャーナリストらの実行委員会が選出しているものだ。同実行委は「過酷で人権侵害的な労働環境をまともに改善することもなく放置し続けた。何人もの労働者がこの企業によって殺された」と指摘し、改善を強く促した。

石井社長は「謙虚に受け止め、反省の材料に致したい」。中本副社長は「『決してブラック企業ではない』と声を大にして言いたいが、そう見られている事実を謙虚に受け止めなければならない」。越智信喜人事局長は、「世間の声を真摯に受け止めて、ブラック企業の名前を返上できるように努力していけたらと考えています」と答えた。ブラック企業大賞を受賞した企業のトップが、謙虚に受け止める旨を公の場で語ったのは異例だ。

だが、捜査は続き世間の風当たりもなお厳しい。塩崎恭久厚労大臣も一月六日、「(石井)社長一人の引責辞任で済む話ではない」と述べた。会社の体質に業界慣行。立ちはだかる壁は多く、電通の「働き方改革」の完遂は容易ではない。だが、電通改革が進むなら、広告業界内外への効果は大きいに違いない。

　元電通マンとして時に尖んがった発言をしている藤沢涼さんが電通を辞めた理由の一つは、残業続きで家族との時間が取れないことだった。クライアントや媒体とのお付き合いで、土日の休みもままならない。子どもは寝顔しか見られない。そんな「当たり前」を受け入れたくなかった。電通を辞めることを決断した途端、子どもを授かった。退社後のビジネスでは、「自由な時間」を生み出すことを心がけているという。

　それでも藤沢さんは、電通の株式をまだ持っている。期待の灯が消えてないからだ。「電通は優秀な社員が多い。インターネットによる社会の改革に関わりながら、広告の新しい価値を電通が率先して創っていくことはできるはず」。藤沢さんは同時に、「この実態は自分の会社にはないか。自分たちが他の誰かを苦しめてないか。みんなが『自分事』に落とし込んで考えることが大切だと思うんです」とも付け加える。

　問題の解決法には「Voice」と「Exit」がある。前者は声を上げることで、後者はその場から出ていくことだ。電通の働き方改革が、今度こそ成功するか。長時間過重労働の責任がまず経営陣にあることは言うまでもないが、改革の成否は経営陣だけの問題ではない。厚労省による捜査や関係者への処分も重要だが、おそらくはそれも核心ではない。電通社員をはじめ、ステークホルダーの「Voice」が響き、活かされるかどうかにかかっている。くどいようだが、もう一度書いておきたい。これは電通だけではない。不条理な「当たり前」に小さな勇気を奮って声を上げること。職場の、取引先の小さな声に耳を済ませ、レスポンスを返すこと。その連なりが、「救える命」を救い、昨日よりもいい働き方を引き寄せる。そのための歩みは止めてはいけないし、たぶん、止まらない。

この緊急出版では、電通内外の多くの方々にいろいろ教えていただきました。労働科学研究所の佐々木司上席主任研究員と東京過労死弁護団の尾林芳匡幹事長には、お忙しいなかインタビューに応じていただきました。「労働情報」の仕事で出会った方々、そして旬報社の木内洋育社長、編集部の古賀一志さんの励ましとアドバイスなしには、まとめることはできませんでした。すべての方々に心から御礼申し上げます。一日も早く、日本から過労死がなくなることを念じつつ。

二〇一七年一月

北 健一

著者プロフィール
北　健一（きた　けんいち）
ジャーナリスト。「労働情報」編集人。1965年広島県生まれ。経済、社会問題について執筆。著書に『高利金融―貸金ビジネスの罠』（旬報社）、『その印鑑、押してはいけない！』（朝日新聞社）、『武富士対言論』（花伝社）、古山修氏との共著に『委託・請負で働く人のトラブル対処法』（東洋経済新報社）、など。

電通事件
なぜ死ぬまで働かなければならないのか

2017年2月1日　初版第1刷発行

著　者――北健一
装　丁――宮脇宗平
発行者――木内洋育
編集担当――古賀一志
発行所――株式会社旬報社
〒112-0015 東京都文京区目白台2-14-13
TEL 03-3943-9911
FAX 03-3943-8396
HP http://www.junposha.com/

印刷・製本―中央精版印刷株式会社

ISBN978-4-8451-1494-8